Bianca Lang

Leben ohne dich

Wenn geliebte Menschen in den Tod gehen

Aufbau-Verlag

ISBN-10: 3-351-02626-9
ISBN-13: 978-3-351-02626-4

1. Auflage 2006

Einbandgestaltung Andreas Heilmann, Hamburg
unter Verwendung eines Fotos
von Heidi Yount, getty images
Druck und Binden Rodesa S. A., Villatuerta
Printed in Spain

www.aufbau-verlag.de

Für Jonathan und Peter

Inhalt

Vorwort

Wenn ein Mensch sich das Leben nimmt, dann löscht er nicht nur seine eigene Zukunft aus. Er reißt auch ein Stück von dem Leben seiner Angehörigen mit in den Tod. Die, die ihn geliebt haben, bleiben hilflos zurück – ohne Halt und Hoffnung. Nichts ist mehr, wie es einmal war. Sie verlieren sich in einem Schmerz, der ihr Denken, Fühlen und Handeln auf lange Zeit beherrscht. Was bleibt, sind Fragen, Wut, Vorwürfe.

Der Tod verwundet die Herzen der Hinterbliebenen so schwer, daß ihr Leben zu zerbrechen droht. Nicht selten kämpfen sie mit Ängsten und Krankheiten, viele schämen sich für ihren Verlust. Darüber hinaus überfordert dieses Schicksal auch das soziale Umfeld. Die Kollegen, Freunde und Nachbarn sind oft unsicher und unfähig, mit den Trauernden liebevoll und offen umzugehen. Sie behandeln den selbstgewählten Tod wie ein Tabu und schweigen tot, was täglich überall geschieht.

Suizid ist eine der häufigsten Todesursachen weltweit. Zwischen 11000 und 13000 Menschen sterben allein in Deutschland jedes Jahr durch eigene Hand – mehr als durch Verkehrsunfälle, Verbrechen und Drogenmißbrauch zusammen. Fast zehnmal so viele versuchen, sich das Leben zu nehmen. Experten schätzen, daß 90 Prozent der Menschen, die sich umbringen wollten oder sich umgebracht haben, depressiv waren. Die Weltgesundheitsorganisation nennt Depression daher längst eine Volkskrankheit. Über vier Millionen Deutsche leiden an einer krankhaften Schwermut, darunter auch Spitzensportler und Multimillionäre. Trotzdem werden die Hinterbliebenen von ihren Mitmenschen oft gemieden und ausgegrenzt. Sie erfahren Abscheu, Sensationslust oder übergroße Anteilnahme, manchmal wird ihnen sogar die Schuld an dem Tod gegeben.

Ein Grund dafür mag sein, daß Suizid nicht nur »Selbstmord« genannt, sondern auch entsprechend behandelt wird – wie das schwerste denkbare Verbrechen und nicht wie eine Tat aus innerer Not.* Das Verhalten ihres Umfelds belastet die Betroffenen also häufig zusätzlich und macht es für sie noch schwerer, ihren Verlust und ihre Enttäuschung zu bewältigen.

Im April 2001 erhängte sich mein Vater. Ich dachte in den folgenden Monaten und Jahren manchmal daran, es ihm gleichzutun. Nach dem Schock stürzte ich in einen Abgrund aus Verzweiflung, Einsamkeit und Trauer, durch mich bohrte sich ein Schmerz, der mir zeitweise den Lebenswillen nahm. Ich glaubte sehr lange nicht, wieder aus diesem Abgrund herausfinden zu können. Er hatte mir mit seinem Tod mein Vertrauen genommen, meine Sicherheit. Bis ich 28 Jahre alt war, konnte ich mich immer auf ihn verlassen. Diese Selbstverständlichkeit wurde völlig überraschend von einem Tag auf den anderen zerstört.

Ich habe Hilfe in Büchern gesucht, Freunde und Therapeuten um Rat gefragt, am meisten haben mir jedoch die Gespräche mit anderen Betroffenen geholfen. Unser geteiltes Schicksal, die gemeinsamen Erfahrungen, das große Verständnis – das alles ließ mich fühlen: Ich bin nicht allein. Ich konnte sie fragen: Wie lebt man weiter nach einer solchen Tragödie? Wie verkraftet man das? Wie erklärt man sich das Geschehene? Was habt ihr er-

* Da viele Betroffene den Begriff »Selbstmord« als abwertend empfinden, wird er in diesem Buch weitgehend vermieden.

lebt? Wann hört es endlich auf, so weh zu tun? Ich habe inzwischen viele Menschen kennengelernt, denen ich diese Fragen stellen konnte.

Neben meiner eigenen Geschichte, die ich hier erzähle, schildern in diesem Buch fünf weitere Hinterbliebene von Suizidopfern ihren Verlust, und ich danke ihnen für ihren Mut, sich mit mir noch einmal so intensiv an diese schwere Zeit zu erinnern. An die Selbstzweifel, Ängste, Vorwürfe, seelischen und körperlichen Schmerzen, die Tränen. Jeder von uns hat versucht, das Geschehene zu verstehen, und vielleicht sind wir diesem Ziel sogar ein wenig näher gekommen. Aber bis dahin war es eine mühsame Suche nach Antworten und Verantwortung, eine Reise ins Ungewisse – ein erbitterter Kampf, in dem wir langsam lernten, unser Schicksal zu akzeptieren und häufig auch das eigene Leben mehr zu schätzen. Denn durch den Schmerz entdeckten wir eine ungekannte Tiefe unserer Empfindungen, manchmal gar ein neues Lebensgefühl. Zurück bleibt in vielen Fällen jedoch auch eine traurige Erkenntnis: egal, wieviel wir getan haben, egal, wie eindeutig die Zeichen waren, egal, welche Mittel und Möglichkeiten es gegeben hätte, manche Menschen sind auf dem Weg in den Tod nicht aufzuhalten. Entweder weil sie krank sind oder fest entschlossen, einem Leben zu entkommen, das sie nicht ertragen können. Das Schwerste an dem Verlust ist wohl, zu akzeptieren, daß man machtlos ist und Liebe und Fürsorge nicht immer reichen, den geliebten Menschen zu retten.

Hinzu kommt, daß die Betroffenen so in ihrem Schmerz gefangen sind, daß sie die Hilfe und den Trost, die sie ersehnen, mitunter nicht finden oder annehmen können. Nicht jeder stößt in seinem Umfeld auf Ablehnung, aber alle spüren das Unvermögen unserer Gesellschaft, dem Thema Suizid und dem Tod im allgemeinen zu begegnen – sie spüren eine Scheu, die in uns allen, auch in ihnen selbst wohnt.

Die Hinterbliebenen, die in diesem Buch ihren Verlust in all seiner Intimität beschreiben, wollten sich unter anderem auch aus diesem Grund schützen und baten mich, ihre Namen zu ändern. Trotzdem möchten sie mit ihren Erzählungen dazu beitragen, das Trauma und Tabu Suizid zu überwinden.

Vor etwa einem Jahr verlor Stefan Meifeld, 42, seine Schwester. Mit seiner Geschichte möchte er ihr »Aufmerksamkeit schenken, die sie im Leben nicht finden konnte«. Er glaubt nicht, daß das geteilte Schicksal den Schmerz lindert, wohl aber, »daß der Suizid dadurch seinen Schrecken verliert und eine Selbstverständlichkeit bekommt«. Er sagt: »Dieser Tod ist eine Möglichkeit, sich aus dem Leben zu verabschieden.«

Helene Wagner, 40, deren Mann sich vor ihren Augen erschoß, wollte an diesem Buch mitwirken, weil sie der Überzeugung ist, daß dadurch »ein Zusammengehörigkeitsgefühl entsteht«. Sie meint: »Mir hat es sehr geholfen, die Schicksale anderer Betroffener zu erfahren.«

Ana Boden, 32, war im fünften Monat schwanger, als ihre Schwester sich das Leben nahm. Sie hat ihre Geschichte selbst aufgeschrieben, weil es ihr ein Anliegen ist, »anderen eine Hilfe zu sein, indem ich über meine Erlebnisse berichte. Ich möchte ihnen zeigen, wie man angesichts des Todes dennoch ins eigene Leben finden kann, aber ich möchte auch darüber sprechen, wieviel Kraft die Trauerarbeit kostet. Ich kann nur allen, die in eine ähnliche Situation kommen, darin bestärken, sich Hilfe zu holen. Denn allein ist es verdammt schwer, durch diese dunkle Zeit zu gehen. Manchmal braucht der eigene Überlebenswille einfach Unterstützung.«

Sven Kirchner, 34, dessen Mutter sich vergiftete, als er noch ein Kind war, und der bislang kaum darüber sprechen konnte, wollte diese Möglichkeit nutzen, sich zu erinnern: »Ich wollte einen kleinen Beitrag zu etwas Großem leisten. Vielleicht können andere davon profitieren.«

Und Susanne Westphal, 49, deren Vater und Großvater sich erhängt haben, erzählte mir ihre Geschichte, weil sie glaubt, daß »es nur dazu beitragen kann, miteinander zu reden. Man darf nicht darüber schweigen. Es ist gut, wenn dieser Schmerz geteilt und wahrgenommen wird.«

Jedes dieser Schicksale steht für sich. Die Geschichten bieten Einblicke in das Innenleben der Betroffenen, sie sind Momentaufnahmen von persönlichen Gefühlen und Problemen. Jeder Mensch geht anders mit Trauer um, löst und verabschiedet sich auf seine eigene Weise von dem Verstorbenen, findet seinen individuellen Umgang mit dem Suizid. Trotzdem gibt es in der Erfahrung eines solchen Verlusts viele Gemeinsamkeiten. Wir können den Schmerz, den wir durchlitten haben, nicht in seiner ganzen Tiefe vermitteln. Wir können nur versuchen, mit der Beschreibung unserer Leidenswege Verständnis und eine größere Toleranz zu schaffen für diejenigen, die ein solches Unglück durchleben müssen. Wir möchten Betroffenen zeigen, daß es Hilfe und Hoffnung gibt, daß jeder irgendwann zu seinem Leben zurückfinden kann. Wenn auch anders als zuvor.

Bianca Lang

»Meine Liebe zu ihm will keinen Zorn zulassen«

Ich hatte mich sehr auf diesen Tag gefreut. Hatte ihn monatelang erträumt, mich vorbereitet und mir oft die Erfahrung der eigenen Grenzen ausgemalt. Ich hatte mir diesen Tag immer als meinen großen Tag vorgestellt. Und für kurze Zeit war er das auch. Für eine Stunde vielleicht, einige Momente des Hochgefühls. Bis der Fall begann, unaufhaltsam, ohne Zwischenstationen und zu schnell, um zu begreifen. Mein kleiner Erfolg war mit einemmal so erbärmlich unbedeutend – und alles, was bislang wichtig war, auch. Alles stand plötzlich im Schatten des Undenkbaren. Es war der Tag, an dem mein Vater den Schritt ging, der sein letzter war, und ich meinen ersten Marathon lief.

Als ich an diesem kühlen Hamburger Aprilmorgen in aller Frühe aufstand, aufgeregt und voller Energie, war es bereits zu spät. Der Tag hatte noch nicht richtig begonnen, und er war schon verloren. Die Abschiedsbriefe waren längst geschrieben, als ich mein Müsli aß, der Plan gefaßt, der schreckliche Knoten geübt. Tage vorher schon lag das Seil in der Garage bereit. Und ich ahnte nichts.

Sein letzter Morgen verlief wie jeder andere: Er ging ins Bad, um sich zu duschen und zu rasieren und dann minutenlang seine inzwischen grauen Haare sorgsam um die immer höher werdende Stirn zu frisieren. Währenddessen machte meine Mutter ihm wie jeden Morgen das Frühstück – Tee und Toast. Sie kleideten sich an, er einen dunklen Anzug und den Mantel. Dann fuhren sie in die Kirche zur Kommunion meiner Cousine. Der Tochter seines Bruders.

Irgendwas stimmte nicht mit ihm, das merkten alle. Mein Onkel sagte später, daß er sich gewundert habe, weil der Mantel schmutzig gewesen sei und er sonst immer perfekt war. Nie ein Fussel, nie eine Falte, nie ein Fleck. Meine Großmutter bemerkte die schlechte Stimmung zwischen meinen Eltern. Meine Mutter war genervt. Mein Vater still. Dann entschuldigte er sich, er habe etwas vergessen und fahre deshalb kurz nach Hause. Zum Mittagessen sei er wieder zurück. Mit diesen Worten verließ er seine Familie.

Ich lief derweil an der Alster entlang Richtung Norden, angefeuert von Fremden und Freunden wie Tausende andere auch. Ich suchte nach meinem Mann. Er stand da am Straßenrand, mit Energieriegeln und einer Plastikflasche winkend. Ich hatte ihn gebeten, ein Handy mitzunehmen, falls mir etwas passierte oder wir uns irgendwo später in den Massen verpaßten. Eine gute halbe Stunde später, kurz vor dem nächsten verabredeten Treffpunkt, klingelte es. Es war meine Mutter.

Ich erinnere mich, daß ich ihn vergeblich unter den Zuschauern suchte. Und erst fünf lange Kilometer später, als meine Knie schmerzten und die Oberschenkel brannten, rannte er plötzlich neben mir her. »Ich kann nicht mehr, wirklich nicht«, sagte ich. Und er schaute mich an und erwiderte: »Doch, du kannst. Du mußt! Lauf!«

Sie hatten am Telefon ausgemacht, mich nicht aus dem Rennen zu holen. Mich bis ins Ziel laufen zu lassen. Mir noch diese Minuten zu gönnen, die mir so ewig erschienen, die letzten Minuten meines alten, unbeschwerten Lebens.

Ich merkte meinem Mann nichts an. Still war er, sehr still, aber das fiel mir erst später auf. Er umarmte mich nach dem Zieleinlauf und betrachtete mein Strahlen, als ich so vor ihm stand, verschwitzt, mit dieser Medaille um den Hals und einer Rose in der Hand. Er tat so, als würde er sich mit mir freuen. Das muß ihn viel Kraft gekostet haben.

»Laß uns heimgehen«, drängte er, und ich ärgerte mich ein bißchen darüber. Ich wollte noch mit den anderen feiern, war aber auch müde, meine Beine konnten keinen Schritt mehr gehen, nicht mal zur U-Bahn, und ich setzte mich schließlich auf die Querstange seines Fahrrades. So fuhr er uns langsam nach Hause. Ich küßte ihn und war glücklich.

Er muß sich währenddessen gefühlt haben, als zerreiße sein Herz. »Es war, als müßte ich einem Unschuldigen gleich sein Todesurteil überbringen«, sagte er später. »Ich wußte doch, das ist für euch die größte Katastrophe. Ich dachte, vielleicht überlebst du das nicht – und bekam Angst.«

Als wir die Wohnung betraten, blinkte der Anrufbeantworter. Er hinderte mich daran, die Abspieltaste zu drücken. »Setzt dich bitte«, sagte er. Ich schaute ihn an und verstand nicht, warum er mit einemmal so ernst aussah, so seltsam fremd. Ich lachte und fragte, was das solle. »Dein Vater ist tot.«

»Was redest du denn?« sagte ich. »Mein Vater ist nicht tot, das kann gar nicht sein.« Dann lächelte ich, wie man es manchmal aus Verlegenheit tut, weil man keinen passenden Ausdruck parat hat. Weinen konnte ich nicht. Glauben auch nicht. Und begriffen habe ich es noch monatelang nicht.

»Er hat sich umgebracht«, sagte mein Mann.

Einige Wochen zuvor hatte er einmal gefragt, ob ich es für möglich hielte, daß mein Vater sich etwas antut. Wir wußten, daß es ihm psychisch nicht gut ging, aber ich hatte die Zeichen nicht ernst genommen. Nicht ernst genug. Ich hielt es für eine vorübergehende Krise, aber doch nicht für eine lebensgefährliche Bedrohung. Die Frage nach einem Suizid schien mir vollkommen absurd. »Er würde uns nie im Stich lassen«, hatte ich geantwortet.

Und nun saß ich da mit dieser Nachricht, und mein Mann weinte zusammengesunken auf dem Boden des Wohnzimmers.

Ich funktionierte auf merkwürdige Art einfach weiter, tröstete ihn und sagte, er solle die Reisetaschen holen. Mein Gehirn arbeitete vollautomatisch, schnell, logisch und effizient. Es traf gleichzeitig und scheinbar losgelöst von mir alle Entscheidungen, als sei es geübt im Umgang mit Situationen wie dieser: Anruf am Flughafen. Das nächste Flugzeug Richtung Süden in die alte Heimat geht erst am Abend. Wir müssen das Auto nehmen. Fünf Stunden Fahrt. Tanken. Wir werden mindestens eine Woche bleiben bis zur Beerdigung. Schwarze Kleidung mitnehmen. Ich duschte, zog mich an, löschte die Nachricht auf dem Anrufbeantworter, ohne sie abzuhören, telefonierte mit meiner Mutter und mit meinem Chef, packte alle Sachen, vergaß nichts und fuhr noch im Büro vorbei, um meinen Laptop zu holen. Wie ferngesteuert – so sollten auch die vor mir liegenden Monate verlaufen, in denen ich alles tat, was man eben so tut, um etwas zu haben, mit dem man sich durch den Tag retten kann.

Weinen muß ich erst im Auto auf dem Weg zu meinen Eltern, als meine Großmutter anruft. Kaum ein Wort dringt durch die Leitung. Verständnislosigkeit auf beiden Seiten. Sie hat ihr ältestes Kind verloren, ihren lieben, klugen, erfolgreichen Sohn, der immer alles richtig gemacht zu haben schien, der ihre Steuerangelegenheiten erledigte und niemals die Blumen am Muttertag vergaß.

Dieser Tod ist in ihrem Weltbild nicht vorgesehen. Zwar hat sie sich in letzter Zeit um ihn gesorgt, weil er dünn und fahrig geworden war und kaum mehr ein halbes Stück seines geliebten Kuchens aß, wenn er sie besuchte. Aber *damit* konnte doch niemand rechnen. Das kann nicht sein. Unmöglich. Sie ringt um Fassung und liest mir den Abschiedsbrief vor, den er ihr hinterlassen hat. Er endet als einziger seiner Briefe mit dem Satz: »Wir sehen uns im Himmel wieder.« Ein Funken Hoffnung wenigstens für seine Mutter, obwohl er selbst doch jeden Glauben verloren hatte.

Ich spüre noch nicht viel, nur das Ziehen in den Beinen, das nach wenigen Tagen wieder verschwinden wird. Ganz anders als dieser diffuse innere Schmerz, der vom Bauch aus hochsteigt, mir den Hals zuschnürt, die Worte vergessen läßt, klare Gedanken verhindert und sich dann wie ein Grauschleier über das Gesicht legt. Dieser Schmerz wird noch kommen, und er wird für lange bleiben. Es dauert, bis das Wissen ins Bewußtsein dringt und die Trauer beginnt. Alles erscheint unwirklich. Wie im Film – ein Horrorstreifen.

Es ist alles zu viel und zu schnell für einen Tag: zu viele Informationen, zu viele Gefühle, viel zuviel Adrenalin. Die Schreckensnachricht hat den Freudentaumel noch nicht ganz vertrieben. Bevor das eine verarbeitet ist, passiert schon das nächste. Ich komme mir vor wie im Rausch, als hätte ich Aufputschendes und Beruhigendes gleichzeitig genommen, mein Geist blockiert, das Herz auch, alles rast an mir vorbei, Landschaften, unser Leben, Bilder der vergangenen Stunden und Jahre, alles durcheinander. Ich frage mich ernsthaft, ob ich die Herdplatten ausgestellt habe. Mein Zeit- und mein Körpergefühl gehen verloren. Es ist der furchtbarste Tag meines Lebens.

Ich beobachte mich selbst, wie ich vor meinem Elternhaus aus dem Auto steige. Er hatte so viel Arbeit in dieses Heim gesteckt, sich sein Traumhaus erschaffen. Früher stand ich mit meiner Mutter jeden Morgen am Schlafzimmerfenster und winkte ihm zu, wenn er in seinen Wagen stieg, um ins Büro zu fahren. Oft stand ich auch abends dort und wartete auf ihn. Es wurde häufig spät, er war viel unterwegs. Manchmal war mein Warten umsonst, aber ich wußte immer, morgen früh werde ich wieder im Schlafanzug am Fenster stehen und winken. Ich wußte immer, es ist kein Abschied für lange. Er hat mich nie enttäuscht.

Selten haben die Forsythien im Vorgarten so leuchtend gelb geblüht wie an diesem Sonntag. Die äußere Idylle erscheint mir grausam – der Sonnenschein, der blaue Himmel, die Frühlingsluft. In den nächsten Tagen wünsche ich mir oft, es würde regnen oder gewittern oder wenigstens ein bißchen Nebel aufziehen.

Und dann kommen sie aus dem Haus auf mich zu, die Nachbarn und Freunde mit ihren betroffenen Mienen. Nie werde ich diese Gesichter vergessen. Diese Blicke, aus denen pures Entsetzen spricht. Nie zuvor bin ich so angeschaut worden. Ich frage mich, wer ihnen Bescheid gesagt hat. Sogar meine beste Freundin ist schon da. Sie nimmt mich in den Arm und sagt nichts.

Durch den Eingang meiner kleinen Einliegerwohnung gehe ich ins Haus, steige die weiße Metall-Wendeltreppe hinauf, die so schmal ist, daß man immerzu am Geländer hängenbleibt und sich stößt. Mit zwölf Jahren habe ich die beiden übereinanderliegenden Zimmer bezogen, habe dort Verstecken gespielt, Geburtstage gefeiert, später getanzt und fürs Examen gelernt.

Als ich ausgezogen war, hätte mein Vater die Wohnung vermieten können, aber er wollte nicht. Er nutzte sie als

Büro und Gästezimmer für mich. »Damit du immer weißt, wohin du gehen kannst«, sagte er. Ich antwortete: »Was soll denn schon sein?« Und er sagte: »Na dann eben, damit du jederzeit zurückkommen kannst, wenn du willst.« Er gab die Hoffnung nie auf, daß sein einziges Kind eines Tages aus der weit entfernten Groß- in die heimatliche Kleinstadt zurückfinden werde. Er hatte mich bis zu diesem Tag nie wirklich losgelassen. Ich war 28 Jahre alt, als mein Vater starb.

Als er nach dem Kommunionsgottesdienst nicht wie verabredet zum Mittagessen erschien, rief meine Mutter auf allen Telefonen an – erfolglos. Schließlich bat sie die Nachbarn nachzusehen. Sie wunderten sich, weil das Auto vor der Tür geparkt war, er also zu Hause sein mußte und trotzdem nicht antwortete. Sie suchten ihn.

Der Schrei der Nachbarin, als sie ihn in meiner Einliegerwohnung an der Wendeltreppe fand, hallte durch mehrere Räume bis zum Telefon, an dessen anderem Ende meine Mutter zuhörte. Sie wartete, bis sie die zwei Worte hörte, die alles verändern sollten. »Er hängt«, wiederholte sie, ungläubig, aber kaum überrascht.

Als sie zu Hause eintrafen, war die Polizei schon da und auch eine Ärztin, die nichts mehr tun konnte. Sie trugen ihn auf einer Bahre zum Leichenwagen. Jemand entfernte das Seil. Nur seine Schuhe, die er vorher ausgezogen hatte, blieben an der Treppe stehen. Die Polizisten behielten die Abschiedsbriefe, die er auf den Eßtisch gelegt hatte, nicht lange. Die Sache war eindeutig.

Den ganzen Tag über und auch die folgenden kommen und gehen Menschen bei uns ein und aus. Sie weinen mit uns. Sie stellen Fragen, auf die wir noch heute keine Antwort wissen. Sie geben Ratschläge, die nicht helfen. Sie bieten mir ein Bett an, damit ich nicht in meinem alten Schlafzimmer, dem Ort seines Todes, übernachten muß. Ich lehne ab, weil ich ahne, wenn ich diese Nacht nicht dort verbringe, wenn ich heute diese Wohnung nicht mehr betrete, dann nie wieder. Ich steige die Wendeltreppe hinauf und hinab, immer wieder, als würden die Stufen mich aus dem Schock führen. Nachts schlafe ich in meinem früheren Bett – tief und traumlos und erschöpft. Mein Mann liegt die ganze Nacht neben mir wach.

Am nächsten Tag bringen Boten die ersten Blumen, riesige Bouquets wunderschöner weißer Lilien – und Briefe. Die Nachricht hat sich schnell verbreitet. Die Menschen reagieren mit einer Mischung aus Sensationsgier und echter Betroffenheit.

Viele wollen helfen – irgendwie. Mit kleinen Geschenken, selbstgekochter Marmelade, mit Gedichten, Büchern und Glaubenssprüchen – mit dem Versuch, Worte zu finden, wo es keine gibt. Alles hilft – alles kleine Schritte auf der Rettungsleiter, die vielleicht herausführt aus diesem Krater der Hilflosigkeit. Die Anteilnahme ist überwältigend – kein Trost zwar, aber eine kleine Stütze, einige Funken Wärme. Ich freue mich über jede kleine Aufmerksamkeit und Ablenkung sowie über das Blumenmeer im Wohnzimmer.

Ein befreundeter Psychiater bringt Antidepressiva und Beruhigungsmittel. Wir glauben sie nicht zu brauchen. Wie alle, die sich nie mit den Abgründen der Seele beschäftigt haben, fürchte auch ich, daß diese Tabletten abhängig machen und ein Übel verursachen, das wir uns nicht leisten können. Es wäre das kleinere gewesen. Meine Mutter hätte sie nehmen sollen. Mein Vater hätte sie nehmen müssen. Vielleicht wäre er zu retten gewesen.

Noch geht es uns relativ gut. Wir essen, wir organisieren, wir reden und glauben, es würde ewig so bleiben. Ich lehne alle Zigaretten ab und fange erst Wochen später wieder mit dem Rauchen an. Irgendwann läßt der Schock nach, und eine schlimme Zeit beginnt. Der Psychiater hatte es prophezeit. Der erste große Einbruch stehe noch bevor, vielleicht in Wochen, vielleicht in Monaten, bis dahin würden die Tabletten jedenfalls wirken. Wir sollten vorbeugen, wir sollten bitte vernünftig sein. Meine Mutter hatte mich angeschaut, hilfesuchend, orientierungslos. Ich habe für uns beide abgelehnt und seine Warnungen ignoriert.

Der Versuch zu begreifen beginnt mit dem Abschiedsbrief. Ich lese ihn immer wieder. »Ich bin körperlich und seelisch krank«, schreibt mein Vater, »mein Leben ist sinnlos geworden.« Er spricht von Krebs, beruflichen Fehlentscheidungen, drohender Trennung – und ich weiß, daß nichts davon wahr ist. Was hat ihm bloß den Blick so verdunkelt? Es ist seine Schrift, seine Worte sind es nicht. Ich verstehe nichts.

»Es ist für alle Beteiligten das beste« und »Lieber ein Ende mit Schrecken als ein Schrecken ohne Ende«, schreibt er voller Entschlossenheit. Und doch spricht aus seinen Sätzen der Zweifel. Er bittet mich, für meine Mutter zu sorgen, ihr zu helfen. Er bittet mich, ihn so in Erinnerung zu behalten, wie ich ihn immer kannte. Er bittet seine Frau und seine Mutter, niemandem Vorwürfe zu machen. Er sagt uns auf den beiliegenden Aufgabenzetteln, was wir verkaufen sollen, wer uns dabei helfen soll, wo die entsprechenden Ordner, Schlüssel, Paßwörter und Papiere aufbewahrt sind. Er hinterläßt eine Telefonliste mit den Nummern von Kollegen, Versicherungen, Behörden. Sogar was wir als Erinnerung an ihn aufheben sollen, steht auf einem Zettel. Nicht einmal das hat er uns überlassen. Bis ins letzte Detail wollte er alles regeln. Perfekt, wie immer.

Noch Wochen später finden wir diese kleinen gelben Postit-Zettel: in Schubladen, auf Schränken, auf Autositzen, auf Überweisungen und Briefen, die wir noch einwerfen sollen. Alles wollte er uns abnehmen, hat alles sorgfältig vorbereitet und geplant. Er ist nicht durchgedreht. Sein Tod war keine Kurzschlußhandlung, die Inszenierung läßt keinen Raum für Interpretationen. Ein schonungslos arrangiertes Finale. Sein Drang, alles zu managen, hatte Regie geführt und die Kontrolle übernommen. Wie ein Reflex, dessen er sich nicht einmal im Todeskampf entledigen konnte. Seine anderen Eigenschaften, sein Verantwortungsgefühl, seine Lebensfreude und seine Stärke müssen durch etwas Größeres unterdrückt worden sein. Anders kann ich mir seinen letzten Akt nicht erklären. Ich glaube nicht, daß ich mich in ihm getäuscht habe und daß er das in ihn gesetzte Vertrauen mutwillig zerstört hat. Ich wundere mich auch keine Sekunde über die vielen Instruktionen, frage nicht, was ihm das Recht gibt, auch noch nach seinem Tod alles zu bestimmen. Aus allem spricht er. Ich bin nicht wütend. Es scheint, als sei er noch um uns. Das macht es erträglich.

Er hatte immer alles aufgeschrieben. Bis zum Ende. Seit wann er wohl diese Zettel beschriftet und an dem Plan gefeilt hat? Wann genau faßte er den Entschluß? Ich folge seinen Anweisungen wie bei einer Schnitzeljagd, suche nach dem nächsten Zettel, nach einem Hinweis und komme doch nirgends an. Es gibt kein Ziel, aber ich bin froh, irgend etwas abarbeiten zu können, mich zu beschäftigen. Nur nicht denken. Nur nicht stillstehen.

Ich durchsuche seinen Schreibtisch, den Keller, seine Tasche, den Computer. Und finde immer wieder Notizen, Listen und Instruktionen – nichts blieb unbedacht, alles hatte er dokumentiert. Sind sie Ausdruck seiner Persönlichkeit oder schon Zeugnisse einer kranken Seele?

Wieso steht da: »Mit Aufgabe der Arbeit gibt man auch sein Leben auf«? Diese Hoffnungslosigkeit in seinem Ausdruck ist mir fremd. Er war ein Karrieremensch, aber kein Besessener. Er hatte es aus kleinen Verhältnissen nach oben geschafft und aus dem Erfolg sein Selbstbewußtsein bezogen. Er hat immer viel gearbeitet, aber nicht immer gern. Glücklich war er zu Hause.

Zum ersten Mal spüre ich Verzweiflung, diese unmenschliche Traurigkeit, die sich mit Hilflosigkeit paart. Wenn nicht mal mehr durch einen Türspalt Licht fällt. Wie konnte er in einem Atemzug schreiben: »Ich kann nicht anders« und »Ich liebe Dich«? Wie konnte er mich allein lassen? Wieso?

Noch monatelang überkommt mich manchmal das Gefühl, daß er gleich das Zimmer betritt. Daß alles nur ein böser Traum war. Daß er noch anwesend ist. Seine Energie, seine Stärke sind noch fühlbar. Oder will ich die Wahrheit nur nicht wahrhaben? Ich sehe sein Gesicht genau vor mir. Ich kann ihn noch riechen. Ich sehe andere Männer und sehe in ihrem Gang, in der Art, wie sie sich bewegen, eine Hand halten, einem Blick – ihn. Ich höre überall sein Pfeifen, dieses gutgelaunte Pfeifen. Unsere Erkennungsmelodie. Wenn wir uns irgendwo verloren hatten, half es uns, einander wiederzufinden. Wenn er mich aufheitern wollte, half es auch. Jetzt hilft es nicht mehr, es ist nur noch eine gemeine Illusion. Keiner kann so pfeifen wie er. Er ist weg, er kommt nicht mehr, ich weiß es doch.

»Wir werden es nicht verstehen, aber wir werden dich immer lieben«, schreiben meine Mutter und ich in die Todesanzeige. Wir entscheiden uns, offen mit dem Suizid umzugehen, um nicht an den Lügen zu ersticken. Ich weiß, daß ich darüber sprechen muß, soviel wie möglich. Ich schäme mich nicht, auch wenn es schmerzt, wie die

Leute reden. Wie sie sich häßliche Theorien zurechtlegen, um zu verstehen, was sie nicht verstehen können. Im Bestattungsinstitut schauen sie uns mit großen Augen an. Wir müssen einen weltlichen Prediger für die Beerdigung finden. Alles ist ein bißchen schwieriger als bei einem herkömmlichen Todesfall. Als wäre »sich umbringen« die Steigerung von »sterben«.

Für die Familien- und Freundesanzeige wählen wir einen Satz von Sokrates. Auch er ein Lebensmüder. »Es ist Zeit, daß wir gehen. Ich, um zu sterben, und ihr, um weiterzuleben.« Wahrscheinlich glauben Menschen, die sich töten, das wirklich. Wie sollten sie auch wissen, daß die eigentliche Tragödie ihres selbstgewählten Todes das Leben der übrigen danach ist.

In der Anzeige seiner Firma steht nur: »Plötzlich und unerwartet verstarb unser geschätzter Mitarbeiter«. Ein Satz, unzählige Male gelesen, erhält mit einemmal eine Bedeutung.

In dem Ort, wo meine Großeltern leben, erscheint auf ihren Wunsch keine Anzeige. Sie flüchten sich in Wortlosigkeit, aus Scham, Angst vor Verurteilung und Furcht vor den Fragen, die sie sich selbst stellen, die sie an die Grenzen ihres Glaubens stoßen und die alles einreißen, wofür sie gelebt haben.

In den kommenden Tagen klingelt im Haus meiner Eltern oft das Telefon. Die bekannten und fremden Stimmen fragen nach dem »Wie«, als sei das wichtig. Sie fragen nach dem »Warum«, als ob wir es wissen müßten. Es gibt keine Intimität mehr. Jeder ist betroffen, jeder denkt, er hätte doch irgendwas tun können, jeder erinnert sich an die letzte Begegnung mit ihm. Keiner versteht. Sie weinen und sagen, »Du mußt jetzt stark sein« und »Du mußt deiner Mutter helfen«.

Unser Leben verkommt zu einer Geschichte, von der viele glauben, sie erzählen und interpretieren zu können. Anteilnahme mischt sich mit Selbstdarstellung. Ein bekannter Opernsänger vom Theater bietet an, auf der Beerdigung zu singen. Mein Vater konnte mit klassischer Musik wenig anfangen und ging nur selten ins Theater. Wir lehnen dennoch nicht ab. Die Mechanismen der Höflichkeit sind noch in Kraft, auch sie funktionieren weiter, wie wir. Am Tag der Beisetzung kommt es dennoch zum Streit. Der Tenor veranlaßt, das Lieblingslied meines Vaters, »Niemals geht man so ganz« von Trude Herr, aus dem Ablauf zu streichen, um seinen Gesang nicht mit einem Schlager vom Band zu mischen. Es wird schließlich trotzdem gespielt.

Während der Zeremonie starre ich ins Leere, unfähig zu denken, bloß an ihn. Ich habe den leblosen Ausdruck ständig vor Augen, das letzte Bild meines Vaters, wie er in dem Raum des Bestattungsinstituts im Holzsarg liegt, aufgebahrt zum Abschiednehmen. Mein Vater war der erste Tote, den ich in meinem Leben sah. Er trug das weiße Hemd, das wir herausgesucht hatten, und eine schwarze Hose, seine Augen waren geschlossen. Er sah aus wie er, wie immer – nur ohne Leben. Nur ein Körper mit einem Kopf. »Die Seele ist raus«, sagte ich.

Sein Gesicht zeigte keine Angst, keine Spur des Kampfes. Er scheint in Frieden gestorben zu sein. Vielleicht hat er jetzt wirklich die Ruhe gefunden, die Erlösung, die er suchte oder brauchte. Ich berührte seine Hände, seine Haut war eiskalt. Ich streichelte seine blutleeren Wangen. »Wo bist du?« Ich weinte leise und dachte, wenn alle Toten so aussehen, kann der Tod, sogar der durch eigene Hand herbeigeführte, nicht so furchtbar sein. Furchtbar ist er nur für die, die bleiben.

Ich sagte meiner Mutter, daß sie keine Angst haben

muß vor seinem Anblick. Ich begleitete sie zu ihm. Sie schrie den Toten an. Sie tobte. Und heulte. Und küßte ihn. Ich war ganz ruhig.

Zur Beerdigung sind so viele Menschen gekommen, daß sich vor der überfüllten Friedhofskapelle den gesamten Weg entlang eine Schlange bildet. Menschen, die ich nie gesehen habe. Auch alte Schulfreude von mir. Sie sind für mich gekommen, nicht für ihn. Und ich freue mich, sie wiederzusehen.

Die Schlange derjenigen, die kondolieren, will nicht enden. Wir stehen da und schütteln mechanisch irgendwelche Hände. Viele Hände. Eine mir fremde Frau sieht uns lange an und sagt nach diesen scheinbar ewigen Schweigesekunden schließlich: »Scheiße!« Wir lachen und heulen gleichzeitig.

Ein Nachbar ergibt sich seinen Tränen, verliert die Fassung und vergißt die Worte, die er an uns richten wollte. »Er weint um sich«, erklärt mir meine Mutter, »seine erste Frau hat sich auch das Leben genommen.«

Irgend jemand drückt mir neue Taschentücher in die Hand. Ich bin eine der Hauptfiguren in diesem Drama, ich spiele mit, aber wirklich da bin ich nicht. Alles passiert einfach. Wir essen Kuchen und trinken Kaffee. Meine Großeltern werden nach Hause gebracht. Zum Glück haben sie diesen Tag überstanden. Draußen scheint die Sonne, die Vögel zwitschern.

Knapp vier Monate vor seinem Tod ließ mein Vater sich frühpensionieren. Mit 53 Jahren. Davon hatte er immer geträumt. Von einem selbstbestimmten Leben. Von Erfüllung nach der Pflicht. Er wollte Philosophie studieren, vielleicht Geschichte. Er wollte Golf spielen und überhaupt mehr Sport treiben. Er wollte reisen und lesen, an seinem Auto basteln und endlich einmal das tun, was all die Jahre bei dem Streß und der Verantwortung einer Führungsposition zu kurz gekommen war. Dafür hatte er über Jahrzehnte gespart, darauf hatte er stets hingearbeitet. Er hatte immer zu tun, und er hatte immer einen Plan. Warum er gerade an diesem, seinem letzten, und so unmittelbar vor dem Ziel scheitern mußte, begreife ich bis heute nicht.

Schon als die selbstgewählte Freiheit näher rückte, bekam er Angst vor seiner Entscheidung. Und schob sie noch einmal um ein Jahr auf. Er fürchtete wohl, ohne die Pflichterfüllung, deren er sich doch entledigen wollte, nicht sein zu können. Den großen Raum, den sie eingenommen hatte, nicht neu füllen zu können. Das fraß an seinem Ego. Er kränkelte plötzlich ständig und hatte doch gar nichts. Er wurde hypochondrisch, jammerte über ein Ziehen in der Brust, aber kein Arzt konnte etwas finden. Er wurde ängstlich, traute sich immer weniger zu. Zum ersten Mal verzichtete er im Sommerurlaub auf das Wasserskifahren, um nicht zu stürzen. Er war ein sehr guter Wassersportler. Wir sorgten uns, schoben es aber auf das Alter und die üblichen Schrulligkeiten. Wie hätte ich wissen sollen, daß diese Zeichen Vorboten einer Depression waren, vielleicht schon die Ankündigung des Todes?

Wenn mich in den ersten Monaten nach seinem Tod jemand fragte, woran mein Vater starb, antwortete ich: »An Seelenkrebs.« Der Begriff hilft ein wenig, die Krankheit zu begreifen. Es gibt Blut-, Knochen- oder Darmkrebs, warum nicht auch Seelenkrebs? Warum soll die krankhafte Schwermut nicht auch tödlich enden können? Und warum bleibt doch immer das Gefühl, sich rechtfertigen zu müssen – vor den anderen und vor sich selbst? Kein anderes Geschwür verursacht Selbstvorwürfe und Schuldgefühle bei Hinterbliebenen. Depression ist eine Stoffwechsel-Krankheit des Gehirns, eine biochemische Reaktion, eine Bewußtseinsstörung – doch was nutzt dieses Wissen, wenn ich es nicht nachfühlen kann? Einen Tumor kann man herausschneiden, bestrahlen. Aber wie sieht eine todkranke Seele aus?

Wahrscheinlich ist es für einen psychisch gesunden Mensch unmöglich, Depressionen zu verstehen. Wie soll man nachvollziehen, daß jemand nicht mehr leben wollte, der eigentlich alles hatte, um glücklich zu sein: eine intakte, gesunde Familie, gute Freunde, ein schönes Haus, Erfolg und alle Möglichkeiten, das Leben zu führen, das er sich erträumt hatte? Wieso reichte das nicht aus, ihn zu retten? Wo auf diesem Weg ist etwas schiefgelaufen? Wieso kann jemand, dem es immer gut zu gehen schien, der immer eine Lösung wußte, sein Glück nicht mehr erkennen? Warum hat er die Liebe, die ihn umgab, nicht mehr gespürt? Was ist das für eine grausame Krankheit, die den Körper intakt läßt, aber das Wesen zerstört? Ich dachte bis dahin, auf Fragen gibt es Antworten und Tragödien passieren immer nur den anderen.

Er hätte an einem Herzinfarkt sterben, vom Blitz getroffen werden können oder von den Schüssen eines Amokläufers – irgendwas. Das wäre schlimm genug gewesen. Wir hätten unser Leben ohne ihn organisieren müssen, ohne jede Vorbereitung darauf. Für das Alleinsein gibt es kein Programm. Meine Mutter kann nicht mal sein altes Auto fahren. In seinen Briefen hatte er uns zum Abschied wenigstens noch eine Art Betriebsanleitung für den Alltag, das Haus und unser Leben mitgegeben. Aber was tun wir mit unseren gebrochenen Herzen? Es gibt keine Anleitung zum Umgang mit diesen Schmerzen, jeder kann sich nur selbst retten. Überleben wird wichtiger als Leben.

Durch seinen Suizid treffen uns Schicksal und Trauer mit doppelter Härte. Da ist nichts Versöhnliches, Hoffnungsvolles oder Erlösendes – nichts mehr, wie es einmal war. Vielleicht ist das eine Art Ausgleichszahlung für viele sorglose Jahre. Vielleicht hat jeder Mensch nur einen bestimmten Glücksbetrag pro Leben, der irgendwann aufgebraucht ist. Vielleicht hätten wir sparsamer damit umgehen sollen. Ich habe unser Glück bis zu diesem Sonntag im April immer für echt und selbstverständlich gehalten. Jetzt kommen die Zweifel.

Wollte er uns etwas heimzahlen mit seinem Tod, uns ein schlechtes Gewissen machen mit diesem letzten Akt der Selbstbestimmung? Wieso diese Aggression gegen sich und gegen uns?

Er hätte eines natürlichen Todes sterben können. Er hätte wenigstens mit dem Auto gegen einen Baum fahren – und für uns so tun können, als ob. So ein Schicksal wäre leichter zu ertragen gewesen. So ein Schicksal hätte man nicht aufhalten können. Wir hätten dem Tod einfach machtlos gegenübergestanden und akzeptiert, was sowieso keiner ändern kann. So ein Schicksal hätte meine Welt intakt gelassen, mein Leben, es hätte mein Grundvertrauen nicht erschüttert. Nun aber ist alles anders. Nun habe ich zwei Leben, eines davor und eines danach.

Ernsthafte Sorgen hatte ich mir zum ersten Mal an Weihnachten, vier Monate vor seinem Tod, gemacht, wenige Wochen nach seiner Pensionierung. Er sah schlecht aus, blaß und dünn und hatte Schweißperlen auf der Stirn. Er klagte über innere Unruhe, Spannungen und Magenschmerzen. Er wirkte unsicher, ganz anders als sonst. »Leider beschäftige ich mich derzeit zuviel mit mir selbst«, schrieb er in seiner Weihnachtskarte. Wahrscheinlich lag das Problem eher darin, denke ich später, daß er sich zeit seines Lebens zuwenig mit sich beschäftigt hat. Immer Streß, immer Verantwortung, immer Termine.

Ich habe nichts unternommen. Erst Wochen später, als meine Mutter sich immer häufiger beschwerte und mein Vater immer trauriger zu werden schien, drängte ich ihn, einen Psychiater aufzusuchen. Ich vermutete, er würde sich über den Vorschlag ärgern. Er hatte bislang schließlich nie Hilfe benötigt. Aber er akzeptierte, irgendwie willenlos.

Zwei Monate vor seinem Tod begab er sich zu unserer Erleichterung erstmals in psychiatrische Behandlung. Ich dachte wirklich, er würde wieder gesund, würde bald wieder der Alte sein. Aber eine kaputte Seele ist nicht so einfach zu heilen wie ein defekter Motor.

Der Psychiater diagnostizierte Phobien und eine schwere Angststörung und riet zu einer stationären Behandlung. Mein Vater erzählte davon nichts. Die Antidepressiva, die der Hausarzt schon längst verschrieben hatte, nahm er nur selten oder gar nicht. Wir ahnten nichts.

Wir sahen nur, daß etwas nicht stimmte. Er schlief schlecht, machte sich ständig Sorgen, traute sich nichts mehr zu. Das Selbstbewußtsein dieses Mannes, der jeden Raum mit seiner Anwesenheit gefüllt hatte, war mit einemmal winzig und reichte nicht einmal mehr für seine eigenen vier Wände. Nicht einmal dort fühlte er sich noch wohl. An anderen Orten schon gar nicht. Die Universität besuchte er nur ein einziges Mal. Die Sportkleidung, ein Weihnachtsgeschenk, blieb unbenutzt. Das Auto, ein alter Lagonda, interessierte ihn nicht mehr. Früher hatte er jede freie Minute in der Garage verbracht, jedes freie Wochenende, hatte repariert, geölt und geschmiert – und nun bereitete ihm seine große Leidenschaft keinen Spaß mehr. Er ging nicht mehr gern auf Feste, wo er bislang immer im Mittelpunkt gestanden hatte. Und er fürchtete sich, vor

Reisen, vor Veranstaltungen, vor großen Plätzen wie engen Räumen. Er war überzeugt, meine Mutter wolle ihn verlassen. Ich lachte ihn aus, als er mir am Telefon davon erzählte. Mitlachen konnte er nicht. Seinem Arzt sagte er, einen so schwachen und kranken Mann könne man nicht lieben.

Ich fuhr zu meinen Eltern. Zum ersten Mal brauchten sie mich, als Ratgeber, Vermittler, als Freund. Ich hörte zu, wir redeten, es war ein guter Abend. »Ich bin so froh, daß du gekommen bist. Das hat mir sehr geholfen«, sagte mein Vater. Sein Gesichtsausdruck war leidend, doch er rang sich ein Lächeln ab. Am nächsten Morgen überredete ich ihn, mich mit dem Fahrrad beim Joggen zu begleiten. Er zögerte, suchte Ausflüchte, schien kraftlos und kam schließlich doch mit. Er saß auf dem Rad wie ein alter, gramgebeugter Mann. Ich rannte neben ihm her, versuchte ihn aufzumuntern. Ich trieb ihn an, weil ich bei ihm keinen Antrieb erkennen konnte. Ich schob ihn am Sattel, machte Witze, erzählte von mir. Richtig zugehört hat er nicht, glaube ich, obwohl er sonst sehr aufmerksam war und immer alles von mir wissen wollte.

Wir nahmen die alte Route, die wir immer schon genommen hatten – zum Spazierengehen, Joggen, Radfahren oder früher zum Rodeln –, über die hügeligen Felder hinter unserem Haus, von denen man bei gutem Wetter den Feldberg im Taunus sehen kann. Das letzte Stück auf dem Heimweg führt einen kleinen Berg hinab. Es war immer unser Lieblingsstück, weil das Ziel vor und die Anstrengungen hinter einem liegen, weil man mühelos noch mal an Geschwindigkeit gewinnt und der Gegenwind das Gesicht kühlt. Auf der Kuppe verabschiedete sich mein Vater von mir, sagte, er hole Brötchen zum Frühstück, und raste hinunter. Da hatte er noch vier Wochen zu leben. Er ließ sein Rad einfach laufen, und dieses

Bild, wie er vor mir den Feldweg abwärts rollte, war der einzige Moment der Leichtigkeit bei unserer letzten Begegnung. Es ist ein traurig-schönes Bild, an das ich mich jedesmal gern erinnere, wenn ich heute allein über diese Felder laufe.

Ich kann nicht sagen, wann und wie sich der Krebs in seine Seele gefressen hat, aber ich denke, daß er viele Jahre nicht genug auf sich aufgepaßt, nicht auf seine innere Stimme gehört hat. Er überdeckte seine Ängste mit Arbeit und Leistung. Darüber hat er sich definiert. Er hat sich nicht helfen lassen, immer alles allein geschafft. Er war ein Einzelkämpfer, seit er als kleiner Junge in den fünfziger Jahren in ein katholisches Jungeninternat gesteckt wurde. Bis zum Schluß haßte er Kantinen, Schlafsäle und jede Form kollektiven Verhaltens. Vielleicht hatte ihn sein großes Trauma, über das er nie sprach, eingeholt, und er fühlte sich wieder wie damals: unsichtbar, wertlos, ungeliebt.

Und in dem Moment, als die Beschäftigung wegfiel, sein Mittel, sich zu beweisen, etwas Besonderes zu sein, in dem Moment, als Platz und Zeit da waren, brach alles aus ihm heraus. Seine inneren Dämonen begannen in ihm zu wüten, ihn seiner Lebenskräfte zu berauben, seinen Willen zu beugen, bis er sich ergab. Bis er nichts mehr fühlte außer Leid.

Er konnte nicht um- oder abschalten, das lag nicht mehr in seiner Macht. Seine Empfindungen müssen fehlgesteuert worden sein. Er verlor nicht nur wie bei anderen Krankheiten an Gewicht, sondern auch seine Hoffnung, Freude, das Selbstbewußtsein, allen Lebenssinn. Er fühlte sich nutzlos und seines wichtigsten Instruments, der Kontrolle über das eigene Ich, beraubt. So wie damals vielleicht, als kleiner Junge.

Diesen Zustand konnte er nicht ertragen, und er konnte ihn auch nicht behandeln lassen, das wäre einem Eingeständnis des eigenen Scheiterns gleichgekommen. Und mit dem Scheitern wollte er nicht leben.

Ich wünsche ihm, daß er seine Erlösung gefunden hat. Ich kann ihm verzeihen, weil er krank war. Ich sage mir immer wieder, daß ich den Prozeß nicht hätte stoppen können, höchstens aufhalten. Wenn ich die Zeichen ernster genommen, häufiger mit ihm gesprochen, mich mehr gekümmert hätte. Erst als es zu spät war, fiel mir die Eindeutigkeit der Symptome auf. Vielleicht ist das immer so. Vielleicht war ich auch zu beschäftigt mit mir selbst. Ich bin Tochter, nicht Therapeut. Und was hätte ein Aufschub schon geändert? Die Vorwürfe bleiben, auch wenn sie sinnlos und falsch sind, ebenso wie die Verletzung und das Gefühl, versagt zu haben. Das ist die schmerzliche Ungerechtigkeit dieser Krankheit – sie wirkt weiter als nur auf den Betroffenen und über den Tod hinaus.

Was wäre geschehen, wenn ich in dem Moment angerufen hätte, als die Schlinge um seinen Hals lag, wenn er meine Stimme gehört hätte, wenn …

Dieses Wenn begleitet mich. Es bricht mir das Herz. Dieses Wenn ist meine Last. Ich habe es nicht kommen sehen, hatte keine Vorahnung, keinen ernsthaften Zweifel an seiner Lebenslust. Meine Klarheit verschwimmt, alles widerspricht sich. Wie konnte mich mein Gefühl so täuschen? Ich war mir seiner so sicher.

Wir waren uns nah, sehr ähnlich. Wir mochten die gleichen Menschen und Orte, verabscheuten die gleichen Schwächen. Wir verstanden einander oft ohne Worte. Er war ein guter Vater, der liebevoll für mich gesorgt hat, für mich da war und um den mich viele beneideten.

Der erste Satz, den ich sprechen konnte, galt ihm. Wir holten ihn an einer Haltestelle ab, ich lief ihm mit wackeligen Schritten und ausgebreiteten Armen entgegen und sagte: »Da ist der Papa wieder.« Er weinte vor Rührung. Heute weint meine Mutter, wenn sie sich daran erinnert.

Ich habe ihn bewundert, weil er strebsam war, klug, verantwortungs- und pflichtbewußt und dabei trotzdem charmant und lustig – ein Macher, ein Beschützer, ein Familienmensch. Sein Leben lang hat er versucht, alles Unheil von mir fernzuhalten – und mir dann mit seinem Tod das größte angetan.

Ich suche einen Therapeuten auf aus Angst, daß der Verlust zu groß ist. Er fragt: »Warum sind Sie hier?« Ich antworte: »Weil ich nicht so enden möchte wie mein Vater.« Und dann weine ich, wie ich noch nie geweint habe, haltlos. Ich schäme mich ein bißchen vor dem Fremden. Und bin gleichzeitig froh, loslassen zu können. Dieser Mensch hier kennt mich nicht, hat keine Ansprüche oder Erwartungen, vielleicht mag er mich nicht mal. Hier ist neutrales Terrain, er ein neutraler Berater, er wird bezahlt fürs Helfen, das macht die Sache klar und einfach. Bei ihm findet der Schmerz einen Kanal aus dem Herzen – durch Worte und Tränen. Die Last ist zu schwer, um sie allein tragen zu können. Meine Freunde sind wie ich überfordert. Ein Profi muß helfen – helfen zu verstehen, helfen weiterzuleben. Der Mann bleibt von meinem Weinen vollkommen unberührt, und ich bin ihm dankbar dafür. Wir verabreden neue Termine, mindestens einen pro Woche, für die nächsten zwei Jahre.

Ich frage ihn: »Warum hat er mich nicht gewarnt oder vorbereitet, irgendwas gesagt in unserem letzten Telefonat drei Tage vor seinem Tod?« Er klang doch okay, wie immer. So wie seine Stimme bei der letzten Nachricht, die er auf meiner Mailbox hinterlassen und die ich immer wieder abgehört hatte, um etwas zu entdecken. Einen

Hinweis, einen fremden Ton, irgendwas. »Hier spricht dein Papa«, sagte er. »Wie geht es dir? Schade, daß ich dich jetzt nicht erreiche. Ich melde mich wieder.« Das war alles – wie sonst auch.

»Er wollte nicht, daß Sie sich Sorgen machen. Er glaubte wahrscheinlich wirklich, daß sein Tod für alle das beste sei, und er wollte definitiv nicht gerettet werden«, erklärt der Therapeut. »Bei Methode und Zeitpunkt seines Todes hat er nichts dem Zufall überlassen. Es konnte nichts schiefgehen, nichts und niemand konnte ihn aufhalten. Todestag und Todesart waren bewußt gewählt – soweit man noch von klarem Bewußtsein sprechen kann.« Warum, darüber kann auch der Therapeut nur spekulieren. »Er war krank, unheilbar krank«, sagt er.

Ich sollte nichts ahnen. Er konnte oder wollte sein Scheitern nicht eingestehen, konnte oder wollte sich nicht helfen lassen. Ein einsamer Abschied als einzige Lösung. Er oder das, was von ihm übrig war, hatte abgeschlossen. Denn er hätte uns doch niemals freiwillig verlassen, sich niemals aus der Verantwortung gestohlen. Der Mann, der sich an diesem Sonntag erhängte, kann nicht mehr mein Vater gewesen sein. Die Krankheit hatte ihn zerstört. Sie ist der einzige Trost bei diesem Verlust, die einzig mögliche Erklärung und gleichzeitig das größte Rätsel. Alles, was ihn in meinen Augen ausmachte, muß sie in rasender Geschwindigkeit zerstört haben. Ich habe nicht die Kraft zu glauben, daß er uns willentlich im Stich gelassen hat. Er hat uns geliebt.

»Aber sich selbst hat er nicht mehr geliebt«, sagt der Therapeut. »Er kam mit der neuen Lebenssituation nicht zurecht, wie viele Männer, die in den Ruhestand gehen. Er ist der Prototyp eines Selbstmörders gewesen. Dieser Drang zum Perfektionismus ist typisch. Pünktlich, akkurat, penibel. Getriebene, die das Fehlerhafte nicht ertragen können. Die nicht mal alle fünfe gerade sein lassen können. Und die dann daran zerbrechen.«

Er wollte es immer allen recht, immer alles richtig machen und hat sich damit ins Unglück gestürzt. Verzweifelt hat er noch über den Tod hinaus versucht, mit seinen Anweisungen den Schaden zu begrenzen, alles mit seiner Handschrift zu versehen – so weit reichte die Kontrollsucht noch.

Ich bin verlassen und zurückgelassen und ihm trotzdem nicht böse. Einer kranken Seele kann man keine Vorwürfe machen. »Doch«, sagt der Therapeut. »Es wäre besser, Sie wären wütend. Besser für Sie. Dann fällt das Loslassen leichter.«

Ich aber halte an meinem Bild von ihm fest. Durch die Krankheit als Aufschluß bleibt es unberührt. Ich lenke meine Wut auf andere. Auf seinen Psychiater etwa: Er hätte ihn retten können, ihn retten müssen. Er hat versagt. Oder haben wir alle versagt, die Freunde, Kollegen, die Familie? Wir haben ihm zugehört und zugeredet – stundenlang. Umsonst. Sein Leiden muß übergroß gewesen sein. »Er allein ist gescheitert«, meint der Therapeut. »Sonst niemand.«

In seinem Gutachten schreibt der Psychiater meines Vaters: »Zum Zeitpunkt der Selbsttötung lag eine schwere krankhafte Störung der Geistestätigkeit vor (...), bei der das Realitätserleben schwer beeinträchtigt ist (...) und die freie Willensbestimmung vollständig ausgeschlossen.« Er hatte also tatsächlich keine Wahl – und wir keinen Einfluß. Immer wieder lese ich die Zeilen seiner Krankheitsgeschichte. Das soll mein Vater gewesen sein?

Wir legen das Gutachten seiner Lebensversicherung vor. Die Versicherung zahlt – ohne weitere Rückfragen.

Seine Krankheit wird behandelt wie eine natürliche Todesursache. Und fühlt sich dennoch anders an.

Jeder trauert auf seine Weise, es gibt kein Falsch und kein Richtig. Meine Großmutter zieht sich zurück, verläßt das Haus nicht mehr, nicht einmal sonntags zum Kirchgang. Mein Großvater verliert stark an Gewicht und wird innerhalb kürzester Zeit zum Pflegefall. Die beiden haben den Krieg überlebt, Hunger, Not und Heimatlosigkeit und nun auch ihren Sohn. Dieser Verlust scheint zu groß, seine Ursache übersteigt ihre Vorstellungskraft. Das einzige, was schlimmer ist als ein Kind, das stirbt, ist ein Kind, das sterben wollte.

Meine Mutter weint, ist mit allem überfordert, schafft es nicht einmal, die kleinen Aufgabenlisten abzuarbeiten, die ich ihr für jeden Tag schreibe. Nichts in ihrem Alltag kann bleiben wie bisher. Zum ersten Mal ist sie auf sich allein gestellt, selbst das Einkaufen wird zur Qual. Ich mache weiter wie bisher, tröste, kümmere mich und arbeite. So oft wie möglich fahre ich zu meiner Mutter, um die Post und die vielen anderen Dinge zu erledigen und ihr Beistand zu leisten – manchmal nur für einen Abend. Ich muß stark sein, sie ist es nicht. Ein Verlust, zwei Menschen, viele Wege. Der Schmerz kettet uns aneinander, ohne uns im Innern wirklich zu verbinden, und grenzt uns gegen alle anderen ab. Am Morgen nehme ich dann den ersten Flieger zurück und bin pünktlich an meinem Arbeitsplatz.

Manchmal geht es mir gut. Ich lache und bin sogar ein bißchen glücklich. Auf der Hochzeit eines alten Freundes tanze ich den ganzen Abend. Die Braut und einige der Gäste, die meine Geschichte kennen, finden mein Verhalten merkwürdig, irgendwie unpassend, wie viele, egal, ob ich meine innere Zerrüttung zeige oder nicht.

Ich sehe es an ihren Blicken, merke es an dem Getuschel. Sagen tun sie nichts. Sie schrecken zurück, weil sie nicht wissen, wie sie mit der Situation und mit mir umgehen sollen. Sie strafen mich mit Sprachlosigkeit und Mißachtung. Ich versuche die Augenblicke der Fröhlichkeit aufzusaugen. Es sind ohnehin nur kurze Momente der Erholung vom ständigen Kummer. Dann folgt wieder ein Morgen, an dem ich nicht aufstehen mag, weil alles um mich herum trostlos und schwarz wird, weil ich nicht fassen und nichts tun kann und merke, wie meine Familie an dem Geschehenen zu zerbrechen droht.

Es sind weniger Schuldgefühle, die mich quälen, sondern die Widersprüche und offenen Fragen, die die Selbsttötung mit sich bringt. Wie kann man so verzweifelt sein? Wie konnte er uns das antun? Wollte er wirklich sterben oder einfach nur nicht mehr leben?

Dazu kommt die Trauer, die vor allem eine schwere Traurigkeit ist. Und immer wieder die vielen praktischen Probleme. Wie soll es jetzt weitergehen – mit meiner Mutter, dem Haus, dem Leben? Wo fangen wir an? Wie macht man eine Nebenkostenabrechnung? Ist es geschmacklos, seine Kleider an Freunde und Verwandte zu verschenken?

Ich möchte am liebsten alles aufheben, was ihm gehörte. Kann mich nicht trennen, nicht mal von den bordeauxroten Lederpantoffeln. Bilder, Figuren, Bücher, die mir nie etwas bedeuteten, werden zu Heiligtümern. Ich hänge mich an sie, weil sie ein Stück von ihm sind, als könnte ich ihn damit ein bißchen länger bei uns halten. Ich packe einige Pullover aus seinem Schrank, in dem es noch so sehr nach ihm riecht, für meinen Mann ein. Er will sie nicht anziehen, obwohl ich es mir wünsche. Er fühlt sich nicht wohl darin.

Meine Mutter fängt an, alles zu verkaufen und zu verschenken, was ihm gehörte. Sie muß sich so schnell wie möglich von den Sachen befreien, die sie kaum atmen lassen, weil sie permanent Erinnerungen abspulen. Die gemeinsame Geschichte wird zur zusätzlichen Last. Überall er, überall Verlust – zum Greifen nah, direkt vor ihren Augen. Immer wieder spricht sie von »dem Berg«, der vor ihr liege. Ein Berg aus Erledigungen, der sie zu erdrücken droht. 35 Jahre gemeinsames Leben lassen sich nicht in ein paar Monaten abtragen. Sie beginnt zu trinken. Ich sehe den Strudel, auf den sie zusteuert, versuche sie zu halten, doch ihre Not ist stärker. Aber wenn ich nicht auf sie aufpasse, tut es auch kein anderer mehr.

Als der Lagonda abgeholt wird, müssen wir beide weinen. Er hat ihn geliebt und gepflegt wie ein Sammler sein Lieblingsstück, hat ihn zu ihrem Groll immer mit seinen frischen Hemden abgestaubt und heimlich mit der Baumwollwäsche poliert. Nun fährt der alte Wagen die Straße hinauf, um die Ecke und davon mit seinem neuen Eigentümer. Es ist, als würden wir ein Familienmitglied zur Adoption freigeben, und weil wir keine Wahl haben, nehmen wir den erstbesten Interessenten. Wir fühlen uns miserabel. Das wäre nicht in seinem Sinne gewesen. Aber was macht das schon? Wir haben uns mit dem Verkauf an seine Anweisungen gehalten, mehr kann er nicht verlangen. Wir versuchen im Falschen nur alles richtig zu machen. Ob es ihn zuletzt interessiert hat, was in unserem Sinne gewesen wäre? Meine Liebe zu ihm will keinen Zorn zulassen. Ich möchte sein Andenken und ihn für mich bewahren, auch wenn er durch eigene Hand gestorben ist. Geführt hat diese Hand ganz sicher nicht mehr er.

Ich nehme alles an mich, was meine Mutter nicht haben will: die alte Kommode, die sie noch nie leiden konnte. Seine Lieblingslampe, das runde Gemälde und das Grammophon, das er einst für zuviel Geld auf einem

Antik-Flohmarkt erstanden hatte. Sie schenkt mir seine Uhr, die ich seither nicht mehr ablege. Auf meinem Schreibtisch und meinem Wohnzimmerschrank stelle ich Porträts von ihm auf. In meine Brieftasche stecke ich ein Bild von ihm. Manchmal, wenn ich unterwegs bin im Zug oder im Flugzeug, hole ich es heraus und schaue ihn an. Ich spüre, wie der Mann auf dem Bild mir immer fremder wird und immer weiter entschwindet. Sein Gesicht verliert vor meinem inneren Auge an Kontur, seine Stimme, sein Geruch – alles verfliegt so schnell. Ich versuche die Erinnerung fest- und lebendigzuhalten – doch es ist zwecklos. Schicksal und Zeit arbeiten gegen mich. Bei einem Einbruch in unsere Wohnung stehlen die Diebe seinen Ehering. 32 Jahre lang hatte er ihn jeden Tag am Ringfinger seiner rechten Hand getragen. Dann trug ich ihn, legte ihn nur für einen einzigen Abend ab, und er war für immer verschwunden.

Nach dem Einbruch überfällt mich Panik. Sie attakkiert mich beim Betreten der Wohnung. Der Pulsschlag verdoppelt, die Bewegungen verlangsamen sich. Etwas schnürt mir die Luft ab, Zentnerschwere auf meiner Brust. Ich schaue hinter jede Tür, unter das Bett, die Couch, erschrecke vor jedem Geräusch. Sie sind gewaltsam in mein Zuhause eingebrochen, haben alles durchwühlt und keine Privatheit respektiert. Ich fühle mich schutzlos und zum zweiten Mal innerhalb kurzer Zeit verloren. Sie hätten alles mitnehmen können, nichts hätte mir so viel bedeutet wie der Ring. Ich habe bis zum Tod meines Vaters nie wirklich Angst gehabt, mich nie richtig unglücklich gefühlt, das ist mir jetzt klar, wo es nicht mehr so ist. Ich konnte ihn immer anrufen, wenn ich Sorgen hatte oder verzweifelt war. Konnte sagen: »Papa, ich brauche deine Hilfe, deinen Rat.« Er freute sich, gebraucht zu werden, und half. Er war das Netz unter mir. Wie lebt man ohne Urvertrauen? In ständiger Furcht vor dem nächsten Unglück – was ist das für ein Leben? Eines, was nur noch mehr Angst heraufbeschwört, der Anfang eines Teufelskreises, in dem ich schon stecke.

Die Rollenverteilung gerät vollkommen durcheinander. Meine Mutter ist statt meiner jetzt das Kind. Mir fehlt die Mutter. Mein Mann will Partner sein und nicht Seelsorger. Weder sie noch er können mir den Schutz und die vertraute Selbstverständlichkeit vermitteln und auch nicht die Gewißheit des kommenden Guten. Nichts gelingt ohne ihn. Sicherheit schlägt in Unsicherheit um, Vertrauen in Mißtrauen, Optimismus in Pessimismus.

Meine Mutter wird schwer krank, der Strudel der Selbstzerstörung hat sie erfaßt und zieht sie immer tiefer. Das Leid wird nicht geteilt, sondern verdoppelt. Zu viele Krisen auf einmal, zu viele Tragödien, um den Überblick und die Beherrschung zu behalten. Ich verliere den Kontakt zu ihr und fühle trotzdem mit. Wir ringen um das Verständnis des anderen, wer trauert wie stark, wieviel und wie. Jeder denkt, er leide am meisten, wir konkurrieren in unserem Kummer. Aber Vergleich ist nicht möglich und Wettbewerb sinnlos.

Die Sorge um meine Mutter überschattet die Trauer. Ein Urlaub in Südamerika gerät zum Fiasko. Auch weit weg von zu Hause gelingt kein Abschalten. Es gibt kein Entkommen, wo auch immer. Nach drei Tagen müssen wir zu ihr zurückfliegen. Kosten und Kräfte spielen keine Rolle mehr, wenn es darum geht, ein Leben zu erhalten, das zu zerbrechen droht. Ich handele nicht mehr vernünftig. Ich halte die Pfeiler, auf denen unser Leben ruht, aufrecht, rücke sie zurecht und merke nicht, wie ihre Substanz langsam bröckelt.

Zu der Enttäuschung über meinen Vater kommt nun

auch die über meine Mutter. Jetzt haben mich beide Eltern verlassen. Sie sind in Krankheiten geflüchtet, in denen keine Bindung mehr zählt, keine Liebe existiert, wo sie nicht erreichbar sind, egal, was getan wird. Ich kann den Kampf nicht aufgeben, auch wenn er ein einsamer ist und vielleicht zu nichts führt. Wünsche mir Verbündete, Geschwister, jemanden, der mir etwas abnehmen könnte, der genau versteht, genau dasselbe durchmacht, der da ist, dem man nichts vormachen kann und muß. Der mit mir die Reste unserer Existenz bewahrt, bevor sie ganz in Trümmer fällt. Mein Mann steht hilflos neben mir, so wie ich neben meiner Mutter. Zu zweit fühlt sich die Einsamkeit noch schlimmer an. Wie allein mein Vater sich wohl gefühlt haben muß? Warum gibt es keine Hilfe? Ich kann so viel nicht aushalten, mich zerreißt der Schmerz, ich glaube durchdrehen oder zusammenbrechen zu müssen.

Ich drehe nicht durch, breche nicht zusammen, werde noch nicht einmal krank, obwohl ich es mir oft wünsche. Ich laufe einfach weiter, ohne anzuhalten – wie aufgezogen. Schlafe nur häufig schlecht, wälze mich hin und her und finde keine Ruhe. Die Gedanken kreisen wirr durch meinen Kopf, es gibt keine Struktur, keine Lösung, nur viele Sorgen.

Ich esse viel, wenn auch ohne Appetit, aber es reicht nicht. Trauer zehrt und verbraucht unglaubliche Energien. Die Polster sind aufgebraucht – keine Schutzschicht mehr, weder am Körper noch auf der Seele. Meine Mutter bekommt Neurodermitis.

Pech und Unglück scheinen meine ständigen Begleiter zu sein, wollen mich und meine Welt und jeden, der dazu gehört, nicht mehr loslassen. Die Katastrophen häufen sich.

Mein Großvater stirbt. Als unsere Katze kurz danach

überfahren wird, überkommt uns dieses leicht irre Lachen, wenn alles so übermäßig traurig ist, daß Schreck und Schock ins Gegenteil umschlagen. Ein ehemaliger Schulkamerad nimmt sich das Leben – mit 29 Jahren. Eine Freundin verunglückt tödlich in einem voll besetzten Reisebus – als einzige. Ein entfernter Onkel ertrinkt beim Baden im Meer – bis heute sind die Umstände ungeklärt.

Der Druck im Büro wächst. Ich arbeite viel, zu viel, reiße Aufgaben an mich, mehr als gut ist, stürze mich hinein, um mich abzulenken und auszugleichen. Versuche, mir sowenig wie möglich anmerken zu lassen – ein Kraftakt, der nicht gelingt. Ich bin das Opfer meiner Tränen, und die sind weder erwünscht noch vorgesehen. Für Gefühle kein Platz, für Schwäche kein Verständnis, für nichts Dank. Hier geht man zum Weinen auf die Toilette und schließt ab.

Als nach einer beruflichen Reise ins Ausland mein Gepäck mit einigen vollkommen unwichtigen Unterlagen verschwindet, werde ich hysterisch und bin einen Tag lang nicht zu beruhigen. Die Überforderung zeigt sich im kleinen. Was ist eigentlich noch wichtig?

Wenn meine Mutter nicht pünktlich zum verabredeten Zeitpunkt anruft oder mein Mann sich verspätet, befürchte ich die nächste Tragödie. Ich habe Angst vor allem möglichen, vor Flugzeugabstürzen, Überfällen, Unfällen, mache mir ständig Sorgen, warte auf das Unerwartete.

Trauer und Tod verfolgen mich, lauern mir auf, überall. In jedem Fernsehkrimi und Kinodrama, das ich wähle, scheint plötzlich Suizid oder Sterben das zentrale Thema zu sein. Ich ertrage die Bilder der an irgendwelchen Balken und Ästen leblos Hängenden nicht. Ich suche mir Filme aus, bei denen ich mich davor sicher wähne. Aber selbst in Roberto Benignis Pinocchio-Verfilmung wird der Titelheld an einem Baum aufgehängt. Ich muß meine Augen schließen, das Kino vorzeitig verlassen. Sonst stelle ich mir ihn vor.

Ich halte keinen Abstand mehr, kann kaum noch differenzieren. Sind diese Todeshäufungen Zufall oder ein Zeichen? Oder ist durch das eigene Schicksal nur die Wahrnehmung verändert, der Blick in eine andere Richtung gelenkt? Ich bin nicht blind geworden für das Schöne, muß es aber intensiver suchen. Das Grauen drängt sich geradezu in mein Blickfeld.

Die Schicksale anderer treffen mich wie mein eigenes und beruhigen mich seltsam. Im Radio singt Xavier Naidoo »Und ich wollte noch Abschied nehmen, das werd ich mir nie vergeben« und Herbert Grönemeyer »Der Mensch heißt Mensch, weil er irrt und weil er kämpft, weil er hofft und liebt, weil er mitfühlt und vergibt«. Das Zuhören fällt schwer, das Mitfühlen nicht.

Ich bleibe jeden Tag an den Todesanzeigen in der Zeitung hängen, versuche die Rätsel und Fragen zwischen den wenigen Zeilen zu entschlüsseln. Früher habe ich sie überblättert. Ich habe bei Trauerfällen mein Beileid verlegen ausgesprochen und gehofft, schnell wieder zur Tagesordnung übergehen zu können. Ich weiß jetzt, daß dieses Verhalten feige war und ignorant, jetzt, da ich sie selbst kenne, diese grauenhafte Leere, wenn man jemanden verliert, den man geliebt hat – wenn ein Stück des eigenen Lebens wegbricht. Diese Ungerechtigkeit des Todes und das Unverständnis bringen mich nun ständig zum Weinen, manchmal sogar mehr als die Betroffenen selbst.

Einmal versagt meine Stimme, als ich einem Kollegen zum plötzlichen Tod seiner Frau zu kondolieren versuche. Er guckt mich starr an und sagt: »Ich wünschte, ich könnte so weinen wie du, aber ich kann nicht. Ich fühle nichts.«

Bei Beerdigungen ist mein Schluchzen so laut, daß ich mich vor den anderen Trauergästen schäme. Mir ist eiskalt. Jemand nimmt meine Hand – sie zittert. Und wie wahrscheinlich alle anderen auf diesen beklemmenden Zeremonien auch weine ich um mich, nicht um die Toten. Und um all die, die mit dem Verlust unmittelbar fertig werden müssen. Um die verpfuschten Leben, die unerfüllten Hoffnungen und verratenen Träume.

Verdrängung funktioniert nicht mehr. Aber ohne Verdrängung wird man wahnsinnig vor Trauer. Immer wieder versuche ich die Angst vor Verlust und der nächsten Horrormeldung zu beherrschen, wegzuschieben, irgendwie. Und immer wieder drängt sie sich ins Bewußtsein. Was soll ich tun, wenn meiner Familie noch mehr zustößt? Wo gehört man hin, wenn alles in Frage gestellt wird, was bisher war und woran man geglaubt hat? Wenn die, die man am meisten und am längsten geliebt hat, dich verlassen? Wenn das Leben neue Wege suchen muß, aber wohin? Angst ist kein guter Antrieb. Angst macht alles nur schwerer.

Ich verliere die Orientierung. Fühle mich so einsam wie nie zuvor. Allein mit meinem Schmerz, obwohl einige versuchen zu helfen. Ich bekomme anfangs aufmunternde E-Mails, Angebote zum Reden, zur Gesellschaft, manchmal kleine Geschenke, ich finde einen Blumenstrauß vor meiner Tür und in meiner Hand fremde Taschentücher. Manche bemühen sich, und sie rühren mich mit ihren Gesten. Auch wenn es dadurch nicht weniger weh tut. Auch wenn sie nicht verstehen, was es heißt, jemanden auf diese Art zu verlieren. Wie sollten sie auch? Was immer sie tun, ich kann sie nicht nah an mich heranlassen, kann ihre Fürsorge kaum würdigen.

Bin unversöhnlich, dünnhäutig, furchtbar sensibel. Alles empfinde ich verstärkt und vergrößert, die Sonne zu hell, den Schatten zu kalt. Ich stelle mich selbst und jeden anderen in Frage. Die kleinste Kritik läßt mich im Großen zweifeln. Wenn mich Bekannte versehentlich nicht grüßen, fühle ich mich abgelehnt. Die Sinne sind so scharf, und die Wahrnehmung funktioniert so präzise, daß es auf Dauer nicht zu ertragen wäre. Wenn die Wunde offen klafft, ist das Gefühl feiner und der Schmerz größer. Da ist keine Kruste, kein Dämpfer, kein Puffer. Die inneren Verletzungen sind kaum zu übersehen, aber für viele schwer zu erkennen. Kummer macht krank und einsam. Ich bin so roh, daß ich überall Angriffe wittere und zurückschlage. Einige Monate nach seinem Tod ruft eine sehr gute Freundin an und fragt: »Wie geht es dir?« – »Nicht so gut«, antworte ich, und sie fragt: »Warum, ist was passiert?« Ich melde mich danach wochenlang nicht bei ihr.

Die Lieblosigkeit meiner Umwelt läßt mich oft erschaudern. Schwächt mich. Jede Achtlosigkeit, jede kleine Unsicherheit, jedes Unvermögen anderer, souverän mit mir umzugehen, werden zur persönlichen Enttäuschung. Die Welt um mich herum erscheint mir kalt, die Menschen herzlos. Ein Kollege schließt meine Bürotür, als er mich weinen sieht, und tut, als sei nichts geschehen. Er fragt nicht, was war oder ob er helfen könnte. Er meidet mich fortan, weicht mir aus, wie viele. Ihre Scheu verletzt mich. Sie ist wie eine zusätzliche Strafe. Als sei ich gebrandmarkt oder aussätzig. Aus manchen Blicken spricht mehr Mitleid als Mitgefühl, und wenn sie mich so anschauen, fühle ich mich schuldig. So als hätte ich etwas verbrochen, so als hätte ich ihn umgebracht. Und dann fällt manchmal das Wort »Selbstmord«, dieser schreckliche Begriff, der ihn zum Verbrecher macht. Sie sehen das Entsetzen in meinem Gesicht, und ich spüre, wie sie hoffen, daß irgendwas sofort passieren möge, um die Situation zu retten. Aber sie kippt fast immer und endet bestenfalls in dahingesagten Binsenweisheiten wie »Die Zeit heilt alle Wunden« oder »Es wird schon wieder«. Sie wollen nicht sehen, was doch so offensichtlich ist. Daß es eben nicht wieder wird. Nie wieder.

Manchmal wünschte ich, sie würden schweigen, statt zu lügen. Würden gar nichts sagen, mir statt dessen in die Augen blicken und nicht ausweichen, eine Hand reichen, statt sich zu entziehen, und mir die Gewißheit vermitteln, anrufen zu können – egal wann, egal wie. Auch wenn ich nie anrufen werde, nicht mal bei denen, die darauf warten. Ich weiß, daß nichts, was sie sagen, mich trösten, und nichts, was sie tun könnten, mich besänftigen würde. Und doch verlangt es mich unendlich nach dem Wort, der Geste, der Berührung, die es nicht zu geben scheint. Ich erwartete etwas, was ich selbst nicht benennen kann, und stoße alle von mir, deren Überforderung offensichtlich ist. Mein Schwiegervater berichtet strahlend von den Wonnen des Ruhestandes. Ich verlasse heulend sein Haus. Ich projiziere meine Kränkung auf andere. Das Selbstbewußtsein schwindet. Verletzlichkeit macht ungerecht und übersensibel. Auch wenn die eigentliche Verletzung woanders herrührt.

Ich kaufe Trauerliteratur und Bücher über Suizid und finde auch dort keine Antworten und kaum Hilfe. Es gibt keinen Trost, nur ein Dasein. Es tut so weh, wie es eben weh tut. Heilung ist nicht möglich. Nichts und niemand kann den Schmerz lindern. Ein bißchen Halt hier und da und der Wille, mit dem ständigen Hinterfragen aufzuhören und anzunehmen, was ohnehin nicht mehr zu ändern ist, reichen nicht. Etwas in mir widersetzt sich, kämpft gegen die Realität, will sich nicht in sein Schicksal fügen, obwohl ich mich langsam an den Alltag ohne ihn gewöhne. Vielleicht ist alles ohnehin nur eine Frage der Gewöhnung. Eine Frage der Zeit.

Ich verordne mir Zuversicht und mache Pläne für schwere Tage. Weihnachten feiern wir nicht mehr im alten Haus. Wir müssen mit den Traditionen brechen, weil bei ihnen immer etwas fehlen würde und wir sie sowieso nicht durchgestanden hätten. Wir versuchen es mit neuen Ritualen, singen und lesen uns Geschichten vor, ändern nicht nur den Ort, sondern auch das Menü, den Ablauf.

Es wird ein schöner Abend, wir sprechen nicht über ihn. Doch wenn ich meine Mutter anschaue, sehe ich hinter ihrem Lächeln diese tiefe Traurigkeit, und ich sehe auch die Tränen, die sie heimlich geweint hat, als sie in die Küche verschwunden ist. Er fehlt. Ohne ihn wird nie wieder irgendwas in unserem Leben vollkommen sein. Es bleibt immer und bei allem eine große Wehmut zurück – eine permanent unerfüllte Sehnsucht.

Eine Träne läuft meine Wange hinunter. Keiner sagt etwas. Wahrscheinlich haben sie es nicht bemerkt. Mein Mann und seine Eltern prosten sich mit Champagner zu. Meine Mutter lehnt dankend ab. Wir gehören irgendwie nicht richtig zu dieser Runde, aber das wissen nur sie und ich. Wir fühlen uns unverstanden, jeder für sich, nicht gemeinsam. Ich würde gern mit ihr darüber reden, sie will es nicht.

Alle machen weiter wie bisher. Nichts ist anders, ihre Welt noch dieselbe, ihr Alltag wie gehabt. Sie tanken, reden über das Wetter und gehen zum Friseur. Ich staune, wie unbeeindruckt und ewig gleich alles weiterläuft, als sei nichts geschehen. Gewissenhaft absolviere ich auch das bürgerliche Pflichtprogramm, verpasse nichts, aber bekomme doch kaum etwas richtig mit. Alles fliegt an mir vorbei, ohne mich auch nur im geringsten zu berühren. Ich bin Statist in meinem eigenen Leben, halte es aufrecht und jeder Anstrengung stand. Mein Mann redet mir ununterbrochen gut zu, ich höre ihn und verstehe nichts. Nach außen geschieht alles wie bisher. Ich nehme teil an Sitzungen und Festen, lasse an Silvester Raketen steigen, renoviere die Wohnung, gieße die Blumen, gehe aus. Räume auf, wasche Wäsche, kümmere mich pausenlos um irgend etwas Bedeutungsloses – äußere Ordnung gegen das innere Chaos.

All das bringt mich durch den Tag, ich weiche so der Ruhe aus, die ich nicht ertragen würde, und verschwende die Kräfte, die noch übrig sind. Ich lenke mich ab, beschäftige mich mit panischem Eifer und kriege ihn doch nicht aus meinem Kopf. Ich vermisse meinen Vater und seine Fürsorge. Die Geborgenheit und das Glück, das nicht wiederkehren will. Wann kommt der Lebensmut zurück? Wann hört das Herz auf zu bluten?

Trauer dauert. Sie ist nicht einfach irgendwann ausgeheilt wie ein böser Infekt. Sie folgt keinem Schema, kennt keine Regeln, keine allgemeingültige Medizin. Sie ist wild, oft unkontrollierbar und nach dem sogenannten Trauerjahr nicht vorbei. Sie kommt in Schüben oder Wellen, am Anfang täglich, dann seltener, später geht es oft wochenlang gut, manchmal sogar Monate. Dann erwischt sie mich wieder, reißt mich mit, wirbelt mich umher – mal gewaltig, mal sanfter –, solange sie will, und läßt mich wieder gehen. Gegen sie anzukämpfen ist aussichtslos. Sie ist stärker.

Kleinigkeiten können sie aktivieren. Wenn ich im Supermarkt vor dem Regal mit der Schokolade stehe, vor Edel-Bitter-Sahne, seiner Lieblingssorte, oder wenn ich daheim gedankenverloren zum Briefkasten gehe und wieder Post für ihn in den Händen halte. Manchmal bricht sie auch ohne jeden ersichtlichen Grund über meine Mutter und mich herein wie eine böse Macht.

In den finsteren Momenten, wenn sich wieder alles zuzieht, wenn sie wieder gewütet hat, denke ich daran, den Kampf um dieses Leben auch aufzugeben – so wie er. Aber es sind nur Momente, sie kommen, und sie gehen wieder. Früher habe ich sie nicht gekannt, jetzt gebe ich ihnen nicht nach. Ich verschwöre mich gegen mein eigenes Selbstmitleid, um tapfer zu bleiben – wenn auch oft nicht für mich selbst, sondern für die, die mich trotz allem lieben.

Ich gehe weiter, einen Schritt nach dem anderen – langsam, für viele zu langsam –, und bin froh über jede kleine Etappe, die hinter mir liegt. Mein erster Geburtstag ohne ihn ist überstanden, sein erster Todestag auch. Ich schreibe ihm einen Brief, zu dem mir mein Therapeut geraten hat. Es ist eine Möglichkeit loszuwerden, wie wir täglich die Bürde ertragen, die er uns hinterlassen hat. Wie wir schutzlos umherirren, denn der Schutz, der war er.

Am ersten Todestag stirbt er ein zweites Mal. Alles wird noch mal durchlebt, wiederholt sich. In Hamburg laufen wieder Tausende den Marathon. Ich stehe wie paralysiert am Straßenrand, schaue zu und doch nirgendwo richtig hin, meine Hände applaudieren. Ich werde nie wieder einen Marathon laufen, sein Tod verläuft für mich in Kilometern. Als ich Kilometer zehn passierte, saß er noch in der Kirche. Bei Kilometer 20 war er auf dem Heimweg. Irgendwo zwischen Kilometer 25 und 30 ist er gestorben und bei 35 klingelte das Handy mit der Nachricht.

Ich telefoniere mit meiner Mutter und Großmutter, keine weiß, was sie der anderen zu diesem Anlaß sagen soll. Betroffen sind wir und getroffen, jede auf ihre Weise. Meine Mutter ist in einer Klinik. Meine Großmutter spricht nur selten über meinen Vater. Ihre Generation hat gelernt zu schweigen. Ihre Freunde und Nachbarn wissen nicht, woran ihr Sohn gestorben ist. Suizid gehört in der Welt ihres katholischen Dorfs in die Sphäre des Unaussprechlichen. Sie können die Ursache nur erahnen – und sie ahnen alle richtig.

Ich zünde eine Kerze auf seinem Grab an und lege zu den Gestecken der Freunde, die vor mir hier waren, ein Herz aus Rosen auf den Stein mit seinem Namen. Ich spreche mit ihm, auch wenn er nicht mehr spürbar ist. Es ist gut, wenn Trauer einen Ort hat.

Meine Großmutter weigert sich, zu seinem Grab zu gehen. Die Sorgen um sie wachsen. Sie zitiert ein altes Gedicht: »Das Leben ist ein Kampf. Ein ewiger Kampf. Ein Kampf ohne Sieg.« Wir überlegen, den Pfarrer des Ortes um Hilfe und einen Hausbesuch zu fragen. Selbst um Seelsorge bitten, das würde sie nicht. Als wir ihn endlich erreichen, verweist er uns an einen weltlichen Amtskollegen. Der Fall, sagt er, liege außerhalb seines Zuständigkeitsbereichs. Sünde wiegt schwerer als Barmherzigkeit und Nächstenliebe. Ich habe seitdem nie wieder eine Kirche betreten.

»Was macht Sie glücklich?« fragt mein Therapeut im zweiten Herbst nach seinem Tod, und mir fällt nichts ein. Dieser erwartungsvolle Blick, dieses Schweigen, diese Stille – jede mögliche Antwort scheint aus meinem Kopf gelöscht. »Haben Sie Appetit? Alpträume? Spaß?« fragt er weiter, und es ist zwecklos ihm etwas vormachen zu wollen, was nicht ist. Die Dunkelheit wohnt auch in mir, sie hat sich seit seinem Tod schleichend breitgemacht und meine Seele betäubt. Ich hasse diese Fragen, sie sind wie eine Folter. Überall wollen sie mich durchleuchten, um über mich zu urteilen. Wieso beziehe ich plötzlich alles auf mich? Wieso reagiere ich ständig über? Hat er sich auch so gefühlt? Hat er mir dieses Leid vermacht? Ich habe keine Allergien oder sonstige körperlichen Vorbelastungen in der Familie, aber in meinem Erbgut lauern Defekte der Seele – ein schreckliches Gefühl. »Diese Traurigkeit und diese Ängste sind nicht ungewöhnlich«, sagt der Therapeut und attestiert eine depressive Episode.

Bei der nächsten Sitzung bitte ich den Therapeuten, mir Antidepressiva zu verschreiben. Meine Energien sind erschöpft. Die Schwermütigkeit soll aufhören, sofort. Ich will mich wieder herausmanövrieren aus dem roten Bereich und nicht ständig hören, daß meine Augen so müde seien und ich nur noch so selten lache. Der Therapeut lehnt ab und sagt: »Es wäre nicht gut, wenn Sie Ihren Zustand künstlich beeinflussen. Sie müssen da durch, der Schmerz gehört dazu. Sie dürfen das nicht übergehen, dann wird es nur schlimmer. Es ist vollkommen in Ordnung, in Ihrer Situation nicht zu funktionieren. Wenn Sie jetzt wieder alles wie gewohnt hinbekommen, dann muten Sie sich zuviel und den anderen zuwenig zu – das hat Folgen. Sie schaffen das auch ohne. Sie sind nicht der Typ dazu.«

Er verordnet »natürliche Antidepressiva«: Dinge, die guttun, jeden Tag etwas Schönes, eine Massage vielleicht, ein Buch. »Das Wohlbefinden«, sagt er, »hängt auch von den Kleinigkeiten des Alltags ab. Alles kann die Batterien aufladen, das Leid ein wenig ausgleichen.« Aber es fällt mir nicht leicht, mich zu verwöhnen. Ich muß mich zum Genuß zwingen, muß die inneren Bremsen und Zwänge lösen. Wozu Vorsicht und Vorausschau, wenn das Morgen kein Gesicht hat, wenn dann wieder alles anders sein kann? Sein Tod hat gezeigt, daß nichts sicher ist, daß ich mich auf niemanden verlassen kann außer auf mich selbst.

Ich kaufe ein kleines rotes Motorrad, so wie ich es mir schon als Teenager gewünscht hatte, aber nicht bekam, weil mein Vater es für zu gefährlich hielt. Ich treibe mehr Sport, arbeite weniger und fühle mich für Momente zufrieden und gut. Vielleicht rede ich es mir nur ein. Ich schiebe das schlechte Gewissen weg und hangele mich von einem Hoffnungsschimmer zum nächsten. Manchmal ist der Sog nach unten dennoch stärker, dann zieht das Dunkel auf, und nichts geht mehr, alles ist zuviel, kein Antrieb mehr und auch kein Ausweg in Sicht. Schulter und Nacken werden fest und unbeweglich, die Muskeln halten krampfhaft alles zusammen und den Kopf irgendwie oben, keine Massage kann die Verspannungen mehr lösen.

Ich muß irgend etwas tun, um mich herauszuziehen aus der eigenen Hölle: den nächsten Zug nehmen, ein Flugzeug Richtung Süden vielleicht. Es ist Donnerstag, ein Tag wie viele. Ich fahre nach Köln, verschwinde einfach so und gar nicht weit, sage niemandem etwas, stelle mein Handy ab. Ich könnte mich auflösen, nie wieder zurückkehren, ein verlockender Gedanke – manchmal. Als ich am Abend nach Hause komme, fühle ich mich wieder entspannt, nach einem Tag ohne Verpflichtung und Vergangenheit, nach einem Tag, der nur mir galt und an dem ich mich so lebendig fühlte wie lange nicht. Niemand bemerkt meine Abwesenheit. Meine Mutter wundert sich nur, daß ich nicht erreichbar gewesen bin.

Alles scheint grau. Entschiedenheit kommt nur aus dem Bauch. Ich folge meinem Instinkt, er ist der einzige Halt, die einzige Wahrheit. Und er sucht die Erinnerungen, die Begegnung, unsere vergangene Gemeinsamkeit. Nur Nähe zählt noch, Nähe zu Orten, zu Menschen, zu ihm. Ich solle mich nicht ständig konfrontieren, sagen viele, soll endlich abschließen – soll dies, soll das. Jeder scheint besser als ich selbst zu wissen, was für mich gut ist. Sie fragen, warum bekommst du kein Kind? Das wäre eine Lösung, ein Neuanfang. Ich schaue sie fassungslos an. Sie erdrücken mich und erwarten ständig irgend etwas von mir. Sie wollen für mich entscheiden, statt mir zu helfen.

Meine Mutter bucht sich auf einer Wellness-Farm ein, läßt von außen behandeln, was von innen zerfällt. Ich fliege nach Griechenland, dorthin, wo mein Vater es liebte, die Ferien zu verbringen. Ein vertrauter Ort, erstmals allein. Ich kann mit niemand anderem dorthin fahren. Es gibt keinen Ersatz für ihn.

Ich verabschiede mich von ihm und von diesem Ort, der für mich der schönste war, den ich kannte, und an dem ich niemals Heimweh spürte. Unser Paradies. Von den Angestellten, die uns jedes Jahr am Steg mit Fahnen winkend begrüßten. Als sie mich dieses Mal allein aus dem Boot steigen sehen, fragen sie: »Was ist passiert?«

Es wird das letzte Mal sein, daß ich hierherfahre, wo ich so viele glückliche Wochen verbracht habe. Das letzte Mal, daß ich aus dem Fenster des Bungalows den steilen Hang hinunter über die winzige Bucht schaue auf das spiegelglatte Meer und den Sandstrand der gegenüberliegenden Insel, die so klein ist, daß wir gelegentlich um sie herum geschwommen sind – und so steinig, daß nur Ziegen auf ihr leben können. Postkartenidylle und Grillengezirpe, ein Fleckchen Glück – auch wenn es nur geliehen ist, eine Illusion für Momente, gebucht und bezahlt und fernab des Alltags.

Morgens, wenn die anderen noch schlafen, schwimme ich hinaus auf den kleinen Ponton in der Bucht. Die Sonne geht auf, und ich sehe ihn vor mir in seinen blauen Badeshorts, T-Shirt, Flipflops und Schirmmütze, wie er auf dem Holzsteg sein Handtuch ausbreitet und ein weiteres für meine Mutter. Sie bekam immer den Platz in der Sonne, er den im Schatten. Dort lag er, ein Bein angewinkelt und las. Wenn Wind aufkam und sich das Wasser am Nachmittag zu kräuseln begann, zog er seine Gummischuhe an, nahm sich ein Brett und ging surfen. Jedesmal versuchte er meine Mutter zu überreden mitzukommen, ohne Erfolg. Jedesmal hat sie gesagt: »Ich muß nicht surfen, ich kann das schon.« Und dann haben wir alle gelacht. Immer wieder. Jedes Jahr aufs neue.

Dieses Stück Erde ist noch genauso unberührt und unverändert wie in meiner Erinnerung, frei von Schuld und Schatten. Nur ich bin anders geworden.

Diese fröhlichen Familien und zufriedenen Singles halte ich kaum aus. Sie tun mir irgendwie leid. Sie spiegeln sich in ihrer makellosen Oberfläche, die so fragil und voller Spannung ist, daß sie jederzeit Risse bekommen und zerplatzen kann und dann das Innere schutzlos zurückläßt.

Es fällt leichter, sich auf andere einzulassen. Auf die Frau mit den Eheproblemen, den Mann an der Bar, der zuviel trinkt, weil seine Frau vor kurzem einem Infarkt erlegen ist, und auf seinen Sohn, in dessen Armen sie starb. Auf die, deren traurigen Blicken ich mich früher entzogen hätte, die gebrochen und geprügelt sind vom Schicksal. Sie rücken näher, rühren mein Herz. Unsichtbare Signale des Vertrauens und Verstehens, Einsamkeit formiert sich zu einer spontanen Gemeinschaft. Jeder kann sich fallenlassen, um seinen Fall zu stoppen.

Die Woche in Griechenland bringt das Lachen zurück, ein neues, intensives Lachen, das sich mit Traurigkeit paart, mit schweren Gesprächen, einer unbekannten Nähe, manchmal mit Tränen, und das mir dadurch wahrhaftiger erscheint.

Ein Jahr später wird die Anlage, die seit langem unrentabel war, verkauft und zum Luxusresort einer britischen Tourismuskette umgebaut. Noch ein Tod, ein Ende mehr. Auch dieses Kapitel ist jetzt geschlossen.

Ich reise weiterhin viel, fahre hin und her, rastlos. Fühle mich wohler in der Ferne – so unbelastet und ungetrübt. Bin erfüllt von der Schönheit fremder Orte, Länder und Lebensformen. Träume vom Ausstieg, einem Neubeginn, und weiß zugleich, daß mir die innere Heimatlosigkeit überallhin folgen würde. Nach kurzer Zeit überkommt mich das Heimweh, ich ziehe weiter, um ihm zu entrinnen – und will doch nur endlich ankommen. Aber zu Hause erdrücken mich die Sorgen um meine Mutter. Mein Mann ist ständig unterwegs, arbeitet bis zur Selbstaufgabe, wir sprechen fast nur am Telefon miteinander. Es gibt keinen Ort mehr, an den ich gehöre. Er scheint mit meinem Vater untergegangen zu sein. Vielleicht war auch er selbst dieser Ort – sein Dasein mein Heim. Ist Heimat kein Platz, sondern ein Zustand, der sich mit der Umgebung, mit den Menschen, den Lieben einstellt?

Ich passe nicht mehr in meine Welt, komme mir vor wie ein Fremdkörper inmitten bekannter, geliebter Gesichter. Sie verzerren sich zu Fratzen. Sie waren mir so vertraut, jetzt werden sie mir fremd. Sie nennen mich Freundin, Kollegin, Nachbarin, Tochter, Liebste. Manche haben sich bemüht, haben versucht mich zu halten, als es mich davontrug, und mich zurückzuholen in mein altes Leben. Aber ich brauche ein neues. Ihre Hilfe war nicht selbstverständlich, ihre Lösungen haben nicht gepaßt. Zu hohe Erwartungen auf jeder Seite, zu viele Forderungen. Wir haben alle keine Erfahrungen mit Situationen wie dieser. Sie sagen: »Vergiß deine Mutter, kümmere dich um dich. Mach etwas Schönes. Und werde endlich erwachsen.« Die Schonfrist ist abgelaufen. Trauer und Schmerz dauern länger als Beistand und Mitgefühl. Vorwürfe wären zwecklos und unfair. Zeit ist vergangen, die Schwierigkeiten sind geblieben, die Frustration wächst. Sie verlieren die Geduld und das Verständnis. Sie fordern Besserung und Dankbarkeit. Ich bin noch nicht soweit.

Ich muß mich von der Vergangenheit lösen, um die Gegenwart zu bestehen. An Zukunft möchte ich nicht denken. Meine Planung ist kurzfristig, spontan, ziellos. Kompromisse sind ausgeschlossen. Trauer macht egozentrisch. Alte Freundschaften zerbrechen, neue entstehen. Mich Menschen verbunden zu fühlen, bei denen das Leben noch keine Narben hinterlassen hat, bloß ein paar Kratzer, ist unmöglich. Ihre Probleme erscheinen mir klein und nichtig. Ihre Themen langweilen mich. Worüber ich mich früher amüsiert habe, macht mich jetzt aggressiv. Ich bin hart geworden – ein Schutz gegen die übergroße Verletzung.

Ich schotte mich gegen eine Front ab und lasse mich gleichzeitig auf andere Bindungen von unbekannter Tiefe ein. Ich lerne eine Frau kennen, bei der jeder Schutz versagt. Ihre Augen sind so klar, offen und freundlich, ihre Ausstrahlung so herzlich, daß es kein Mißtrauen gibt zwischen uns, keine Angst, nicht einmal Vorsicht. Ich kann ihre Empfindsamkeit sehen, und sie sieht meine. Wir sind uns zuvor schon begegnet, haben einander aber nicht erkannt. Nun dauert es keine Stunde, bis wir gemeinsam weinen, unsere Enttäuschungen offenlegen und wissen, daß wir von jetzt an zusammengehören. Gute Freundinnen auf Lebenszeit – wie eine selbstgewählte Familie.

Die neuen Begegnungen bewegen und beeindrucken mich, diese Menschen, die auch voller Zweifel und Brüche sind, weil irgend etwas oder irgend jemand sie irgendwann in ihren Grundfesten erschüttert hat. Wir orten uns überall, auf einer Party, im Zug, am Strand, vertrauen uns einander an, geben einander nicht auf, ertragen uns – bedingungslos. Eine Art zufällige Selbsthilfegruppe. In ihrer Gegenwart fühle ich kein Stigma, keinen Druck, keine Erwartung. Wir hören uns zu, ohne zu werten. Wir machen uns Mut, ohne uns zu überfordern. Bei uns hat Kritik den richtigen Ton und Loyalität Vorrang vor allem. Bei uns allein scheint Mitgefühl echt.

Sie erzählen von Scheidung, Tod, Krankheit, Verzweiflung, Existenzangst und von schlaflosen Nächten in kalten Betten. Das Kaputte schockiert mich nicht, es zieht mich an und lenkt mich ab. Es macht das eigene Schicksal erträglicher, normaler und holt es heraus aus dem Abseits. Wir lachen und scherzen darüber – sonst wäre es nicht zu ertragen. Die anderen würden das nie wagen.

Am wohlsten fühle ich mich mit denen, die genau denselben Schmerz teilen wie ich, deren Eltern auch gegangen sind, in den Tod, die Melancholie, eine Sucht. Wir stehen im Schatten vieler Lebenslügen, der Weg hinaus ist gemeinsam leichter zu finden. Wir halten und wir helfen uns. Die anderen schütteln genervt die Köpfe. Nur wir verstehen.

In meinem direkten Umfeld entdecke ich Schicksale, die mir bislang verborgen geblieben sind. Neue Verwandtschaften mit altbekannten Seelen. Aus losen werden enge Verbindungen, auch wenn wir uns kaum sehen, oft wochenlang nicht miteinander sprechen und die kleinen Freuden und Ärgernisse nicht teilen – den gemeinsamen inneren Bund läßt das unberührt. Wir schreiben uns Briefe. Mich erreichen Anrufe von Betroffenen, sie suchen Hilfe, wissen nicht, wo, wissen nicht, wohin, wissen nicht, bei wem sonst. Es tut gut, für sie dazusein, ihnen zuzuhören und sagen zu können, daß es genau so, wie sie es gerade erleben, auch bei mir war. Ich kann nicht viel tun, außer bei ihnen zu bleiben, mit ihnen zu sprechen, ihr Leid auszuhalten. Unsere Rollen werden immer wieder tauschen, ein ständiger Wechsel von Zuspruch und Annahme. Selbstverständliche Solidarität.

Die Höhen und Tiefen meines Seelenlebens gleichen sich langsam an. Die Hilfeschreie kommen zuverlässig, aber in immer größeren Abständen. Meistens sind sie still, und trotzdem scheinen sie jetzt an einer richtigen Stelle zur richtigen Zeit Gehör zu finden. Dann gelingt und geschieht plötzlich und zur eigenen Verblüffung irgend etwas, und der Glaube an das Gute kehrt langsam zurück. Erste Zeichen neuen Vertrauens. Dann sprießen, nach sechs Monaten intensiver Pflege und Wartezeit, endlich und völlig überraschend und mitten im Winter die ersten Triebe des Palmenpflänzchens. Dann klingelt wie automatisch das Telefon am Ende eines einsamen Tages, oder aus dem Faxgerät, das wochenlang unter Systemfehlern leidet, rattern hoffnungsvolle Zeilen.

Als es mir wieder einmal schlecht geht, nimmt eine Freundin Urlaub. Sie fragt mich nicht vorher. Sie weiß, ich hätte nie darum gebeten. Sie kommt und kauft ein, kocht, sie ist praktisch, wenn ich apathisch bin – eine Woche lang. Wir sitzen in dieser Zeit häufig auf der Couch, und ich weine in ihrem Arm. Sie streichelt meinen Kopf, spielt mit meinen Haaren, nimmt meine Hände in ihre, sagt nicht viel, ist einfach nur da. Sie fordert nichts und schreckt vor nichts zurück. Es gibt keine Scham, keine Geheimnisse. Ich fühle mich ihr enger verbunden denn je. Und am Ende der Woche haben wir eine schöne Zeit gehabt. Trotz allem.

Es geschieht ganz unmerklich und fällt mir erst viel später überhaupt auf. Irgendwann werden wir einfach nicht mehr nach ihm gefragt. Irgendwann ist seine Abwesenheit Normalität und sein Tod Teil der Geschichte. Im Heute ist er nicht mehr vorgesehen, viele Erlebnisse teilt er nicht mehr mit uns, wir nennen Menschen Freunde, die er nie kennengelernt hat. Ich bin froh, nicht mehr erklären zu müssen, was passiert ist. Froh, daß es mittlerweile jeder weiß und niemand, kein Schulkamerad, kein Bekannter aus dem Ausland, keiner der Menschen, die zu weit entfernt gewesen waren, um sie zu informieren, ihn mehr sprechen oder sehen will. Das erspart uns diese unvermittelten Stiche mitten ins Herz. Ein paar Wunden schließen sich wenigstens mit der Zeit, wenn sie schon nicht verheilen.

Seine Konten sind aufgelöst, seine persönliche Sachen verteilt oder entsorgt, aber bei jeder Entscheidung fragen wir uns noch, ob er sie auch so getroffen hätte. Seine Spuren sind noch nicht verschwunden. Sein Name steht noch auf dem Schild an der Eingangstür, auf dem Briefkopf und in meinem Handy-Verzeichnis. Ich lösche den Eintrag erst, als meine Mutter, die mittlerweile sein Telefon nutzt, mir ihre erste SMS schickt. »Ich vermisse dich« steht da. Absender: Papa.

Sein Geist läßt sich nicht abschütteln, fast scheint es, als würde er uns jagen und weiterhin mitbestimmen wollen. Zwei Jahre nach seinem Tod erreicht mich ein Geschenk von ihm. Oder hatte er das Geld, das er, ohne jemandem davon zu erzählen, für mich angelegt hatte, vergessen, als er starb? Es wird an meinem 30. Geburtstag fällig. Der Brief von der Bank erschreckt mich, die Freude und Feierlaune sind getrübt, seine Fürsorge hat nun einen bitteren Beigeschmack. Wie kann es sein, daß er unser aller Leben so sorgfältig abgesichert hat und sich selbst dabei vergessen konnte? Die mühsam erworbene Schutzschicht ist so dünn, daß sie gleich wieder einreißt. Ich bin wütend, will Ruhe und endlich raus aus seinem Schatten.

Meine Mutter zieht aus dem Haus in eine kleine Wohnung am anderen Ende der Stadt. Sie kündigt ihren Job, ihre Mitgliedschaft im Sportstudio, verkauft ihr Auto, macht alles anders, alles neu und bleibt doch im alten Schmerz verhaftet. Sie wünscht sich einen Hund, und als wir ihr einen Welpen schenken, sagt sie, sie sei noch nicht wieder soweit, für ein anderes Lebewesen zu sorgen. Sie will reisen und unabhängig sein. Ein Ziel hat auch sie nicht. Sie pflanzt ihr Leben um, und es will doch nichts wieder antreiben. Sie findet neue Nachbarn und Aktivitäten und bricht den Kontakt zu den gemeinsamen Freunden aus ihrer Vergangenheit ab. »Ich halte diese glücklichen Paare, die zusammen alt werden, nicht mehr aus«, sagt sie.

Ich schaue sie an und sehe in den Spiegel meiner eigenen Verhaltensweisen, sehe in ihrer Reaktion meine Selbstherrlichkeit und versuche aufzufangen, was sie einreißt. Was sie ablehnt, will ich behalten. Ich kann mich von diesen glücklichen Paaren sowenig trennen wie von seinen persönlichen Sachen. Sie sind wie eine Ersatzfamilie geworden, ihre Kinder wie Geschwister. Sie sind unser altes Leben. Wenn ich sie sehe, sehe ich ihn. Sehe uns alle zusammen im Sommerurlaub in Spanien, die Kinder waren noch nicht in der Schule und die Eltern selbst noch jung. Ich sehe uns alle zusammen beim Sonntagsspaziergang durch den Wald, die Kinder quengelnd, die Eltern immer ein paar Schritte voraus. Später haben wir oft zusammen gespielt, gegessen und gefeiert. Wie viele Jahre ging das so? Wie oft haben wir uns gegenseitig geholfen, im Haus, im Garten, im Leben? Wie oft uns miteinander gefreut? Wie viele Krisen und Streitigkeiten gemeinsam schon bewältigt? Ich habe diese freundschaftliche Großfamilie nie angemessen geschätzt, mich nie bedankt. Es war alles immer so selbstverständlich. Das ist anders geworden mit seinem Tod, die Perspektive endlich und wir wie er sterblich. Prioritäten und Werte haben sich verschoben. Familie ist jetzt viel bedeutender, nicht mehr alltäglich, ganz neu in der Formation, größer, nicht mehr so fragil, selbst zusammengestellt, eine Mischung aus Freunden, Verwandten, Betroffenen. Ich bemühe mich mehr als früher, halte, pflege und intensiviere die Kontakte. Ich verpasse keinen Geburts-, Hochzeits- oder Todestag, kein Jubiläum. Meine Großmutter rufe ich jeden Sonntag an und schicke ihr Blumen, wenn sie traurig ist. Ich besuche sie häufiger als früher, genieße jede Minute, uns bleiben nicht mehr viele. Ich muß die Zeit, die wir noch haben, nutzen. Ich tue es ihretwegen und für mich.

Die Zeit der großen Fragen läuft ab, sie hat lange genug gedauert und kein Fortkommen gebracht. Im Herzen werden wir nie verstehen. Wer nicht aufhört, nach den Antworten zu suchen, die es kaum gibt, wird selbst krank. Nur das Unterbewußtsein sträubt sich noch. Die Träume, in denen er die Hauptrolle spielt, kehren immer wieder. Völlig überraschend und scheinbar ohne Anlaß. Träume, in denen er zurückkommt. Er ist verändert, der Glanz seiner Augen erloschen, er wirkt resigniert. Sein Tod war nur Theater, sagt er, der Sarg sei bei seiner Beerdigung leer gewesen. Er war nur verreist, sagt er.

Wir fahren Auto, ich erzähle, was geschehen ist in den Jahren. Es scheint ihn nicht besonders zu interessieren. Mir ist es auch egal, ich beschimpfe ihn nicht, und er ist nicht böse, obwohl kein einziges Hemd mehr gebügelt für ihn im Schrank hängt, keine Zahnbürste mehr im Bad für ihn bereitsteht, nur seine alte Brille liegt noch herum, weil meine Mutter sie manchmal trägt. Ich bin einfach nur glücklich, ihn wiederzuhaben. Er vermittelt mir nicht mehr das Gefühl der Sicherheit, das Netz unter mir ist selbst mit ihm jetzt löchrig geworden, aber wenigstens kann er sich wieder um alles kümmern, denke ich, vor allem um meine Mutter. Er lehnt ab: »Sie muß selbst für sich sorgen. Du kannst ihr nicht helfen. Und ich kann es auch nicht.«

Ich wache auf, so naß geschwitzt, daß ich das T-Shirt wechseln muß. Mein Mann fragt schlaftrunken, was los sei, ich hätte gewimmert und sei andauernd zusammengeschreckt. Ich erzähle nichts von meinem Traum. Er hat schon zu viele Tränen und Lasten ertragen. Meine Sorgen stehen zwischen uns. Er hält mich fest und streichelt meinen Kopf, bis ich wieder eingeschlafen bin. Bis mein Geist ermattet das Denken darüber aufgegeben hat, was das alles bedeuten soll. Suche ich nach Absolution, nach seinem Segen dafür, endlich meine Mutter ihrer eigenen Verantwortung zu überlassen, endlich loszulassen von ihr und ihm? Sein Tod darf nicht länger unser Leben bestimmen. Er hat uns lange genug dahingerafft.

Ich muß gegen mein Herz handeln, weil mir das Herz noch mehr Kummer macht, und bin dafür nicht gerüstet. Muß sie fallenlassen, ganz loslassen, damit sie sich wieder fängt – oder untergeht. Muß die Fessel lösen, die unlösbar scheint. Wenn ich sie weiter festhalte, versinken wir am Ende beide. Von jetzt an ist jeder von uns auf sich allein gestellt. Eine unmenschliche Entscheidung. Sie wird alle paar Wochen und Monate erneut auf eine Probe gestellt. Immer wieder die gleichen großen Fehler, jedesmal stirbt ein weiteres Stück Vertrauen und Verständnis. Jede Entscheidung wird Ängste und Alpträume und schweißnasse T-Shirts mit sich bringen, aber niemals ein gutes Gefühl oder ein reines Gewissen. Es ist die Wahl zwischen zwei Übeln. Mittel zum Zweck. Pure Selbsterhaltung. Sie oder ich. Manchmal denke ich, es wäre auch für uns beide besser, tot zu sein. Aber wir werden leben.

Ich schaue in den Spiegel und sehe die Falten, die sich in meine Mundwinkel gegraben haben, die keine Creme je mehr glätten wird. Sie kommen von innen. Sie bleiben – Zeugen des Schmerzes, die mich täglich erinnern und ermahnen. Es kann so nicht länger weitergehen.

Ich lenke mich ab, versuche, nicht an sie zu denken, nicht an andere. Ich gehe auf eine große Reise und überfliege die Datumsgrenze. Es ist zufällig der dritte Todestag meines Vaters, ein Tag nur auf dem Papier, in meinem Leben hat er nie stattgefunden. Ich melde mich nicht bei meiner Mutter. Sie schickt mir täglich eine E-Mail, die Sorge vor einem weiteren Verlust hält sie plötzlich lebendig. Mein Mann läuft in Hamburg erstmals den Marathon, ohne mir davon zu erzählen. Ich überlasse sie alle sich selbst.

Mir ist schlecht, mein Körper verhält sich seltsam. Ich schiebe es auf die Anstrengungen der Reise und kaufe dann doch einen Schwangerschaftstest. Er ist negativ, es kann sowieso nicht sein, das wäre ein Wunder. Oder ein Zeichen? Eine Art Ausgleich oder der Lauf der Dinge – Leben und Tod, Tod und Leben – und ich ein Teil davon. Ich höre auf zu rauchen, es fällt mir ganz leicht.

Ich notiere Jungennamen in mein Tagebuch. Erste Anzeichen ungekannter Freude. Ich kaufe noch einen Test und noch einen, beide sind negativ, ich bin nicht überrascht, aber merkwürdig traurig. Trotzdem, irgend etwas stimmt nicht mit mir. Nach dem Heimflug fahre ich, noch mit dem Gepäck in der Hand, zum Arzt. Angst und

Aufregung mischen sich. Ein neues Leben wäre willkommen. Der Arzt gratuliert, ich fange an zu weinen – es ist lange her, daß ich es aus Freude getan habe.

Alles hängt und gehört plötzlich zusammen, denke ich, alles macht seit langer Zeit wieder Sinn, nichts ist mehr Zufall – der Kreis schließt sich.

Es wird ein Junge, daran habe ich keinen Zweifel, auch ohne Ultraschall. Mein Mann und der Arzt glauben nicht an innere Stimmen werdender Mütter, sie lachen und schließen Wetten ab.

Meine Intuition ist so stark wie nie zuvor, sie übernimmt die Kontrolle, ich brauche keinen Ratgeber, ich will keine Tips. Hormon- und Seelenhaushalt spielen verrückt. Ich komme mir vor wie ausgetauscht, alles fühlt sich anders an, riecht anders, schmeckt anders, jede Empfindung ist verstärkt. Jeden Tag mehr, mit jedem Tritt in meine Rippen konkreter und jedem Kilo, das sich auf meinem Körper niederläßt. Neue Reserven für mich und ihn.

Mein Bauch wächst und mit ihm die Angst vor dem Neuen. Ich muß mich schützen, ziehe mich zurück und kann nur wenige an mich heranlassen. So vieles erscheint bedrohlich, irgendwie ungut für mich und den Kleinen in mir. Die neue Aufgabe fordert und erlaubt keine Rücksichtnahme. Alles und jeder andere gerät in den Hintergrund.

Ich muß Veranstaltungen früher verlassen, weil mir übel wird von den Gesprächen, muß einen geplanten Urlaub kurzfristig absagen, Menschen verständnislos zurücklassen, mir neue Beschäftigungen suchen und alles neu sortieren. Ich muß mich treiben lassen von Impuls zu Impuls, bis das Baby da ist.

Vielleicht ist die Vorbereitung auf ein Leben genauso schwierig und selbstbezogen wie die Nachbereitung – ein

Kampf, der an emotionaler Anstrengung nur schwer zu überbieten ist. Vielleicht muß es genauso erschöpfend und eigensinnig sein, ein Leben zu geben, wie eines gehen zu lassen. Ich habe für beides kein Talent. Werde wieder zurückgeworfen auf mich selbst. Wieder allein, nur diesmal mit einem eindeutigen Weg und einem zweiten schlagenden Herzen unter meinem, das wichtiger ist als alles.

Vier Monate vor dem vierten Todestag meines Vaters kommt mein Sohn zu Welt. Sein Enkel. Ich schreie den Kummer der letzten Jahre mit ihm zusammen aus mir heraus. Der Schrei ist unmenschlich, die Kräfte, die in mir wirken, auch. Der Schmerz bekommt eine gewaltige körperliche Dimension, die dennoch angenehmer und leichter zu ertragen ist als diese Trauer- und Gefühlswehen, die mich seit dem Tod meines Vaters begleiten. Trauer ist eine Verbindung zur Liebe, und die scheint unaufhörlich. Gegen sie gibt es kein Mittel, keine Spritze zu Linderung. Ein nicht enden wollender Ausnahmezustand. Die Qualen seines Todes scheinen ewig nachzuwirken, ganz anders als die körperliche Tortur. Der Geburtsschmerz ist nach Stunden vorbei und vergessen – wie ausgeknipst – in dem Moment, als das neue Leben beginnt und der kleine Mensch uns mit großen Augen anschaut. Als er so winzig und dürr, so nackt und neugierig an meiner Brust liegt und alles ganz selbstverständlich zurechtrückt – den Kummer vertreibt und ablöst mit nichts weiter als seiner Gegenwart. Dieses kleine, perfekt gebaute Wesen mit seinem unermeßlichen Lebenswillen, das so zerbrechlich aussieht und es gar nicht ist.

Ich schaue ihn an und weine nicht. Alles ist so friedlich, so vollkommen. Ich bin so stark und stolz wie noch nie zuvor in meinem Leben. Ich komme zur Ruhe. Ich fühle mich zum ersten Mal seit Jahren entspannt. Die

Liebe ist wieder zurückgekehrt, eine ungekannte, große Liebe und Klarheit.

Als sich der Todestag zum vierten Mal jährt, stehe ich mit dem Kind am Grab meines Vaters. Ich lege wieder ein Herz aus Rosen nieder und stelle das Baby in seiner Tragetasche auf den Stein mit seinem Namen. Sinnlose Sentimentalität.

Wir fahren mit dem Zug nach Hause, wo der Frühling begonnen hat und die Krokusse die Wege säumen, auf denen wieder Tausende entlang der blau gestrichelten Strecke den Marathon laufen. Ich trage den vier Monate alten Säugling durch die jubelnde, klatschende Menschenmasse, durch Tröten und Transparente, obwohl ich mich lieber verkriechen möchte. Aber es ist so ein wunderschöner Tag, überall ansteckend gutgelaunte Menschen. Vielleicht, denke ich plötzlich, laufe ich nächstes Jahr doch noch einmal mit. Wenn ich es schaffe und mich die Erinnerung nicht mehr bezwingt, sondern ich sie. Als mein Mann an uns vorbeiläuft, lächle ich, obwohl es mir schwerfällt. Wir haben alles versucht, jeder Anstrengung standgehalten. So lange, vielleicht zu lange. Ich fühle mich schuldig, weil nichts mehr zusammenpaßt, was mal so unbedingt zusammengehörte. Mit dem Tod meines Vaters hat alles angefangen aufzuhören. Jetzt hat dieses Ende begonnen, ein Anfang zu sein.

Ich frage mich, ob und wie alles anders gekommen wäre, wenn mein Vater noch leben würde. Vielleicht wäre es ihm ergangen wie einem Kollegen, auch er gescheitert an der Freiheit des Ruhestands und schwer depressiv. Sein Herz schlägt noch, aber er sitzt seit Jahren eingemauert in seinem inneren Gefängnis. Trotz Tabletten, bester Ärzte und Behandlungen, trotz liebender Frau und netter Söhne. Vielleicht hätten wir – wäre alles anders gekommen – auch das Kind nicht, dieses unschuldige, ungetrübte, naturglückliche Wesen mit seiner unerschütterlichen Zuversicht, das uns alle milder, nachgiebiger und fürsorglicher hat werden lassen und uns herausgeholt hat aus der Egomanie und Düsternis. Das unsere Chance war – unser Glück – und für das ich der Schutz bin, den es braucht. Das uns anstrahlt, als gäbe es nichts Schöneres als diesen einen Tag, egal, was gestern war oder morgen sein wird. Das bedingungslos und beneidenswert vertraut und uns pausenlos überrascht mit seiner ungestümen Neugier auf das Leben. Für das sich alles wieder lohnt.

Mein Vertrauen in die Welt scheint mit ihm größer zu werden, erholt sich langsam von den Strapazen der Vergangenheit, auch wenn es nie mehr völlig genesen wird. Aber die Angst fällt nicht mehr so oft über mich her. Und auch nicht die Tränen. Es gibt wieder Hoffnung, auch wenn die Sehnsucht bleibt – wie ein letztes Andenken. Sie schleicht sich regelmäßig in Augenblicken an, wenn ich mich vor ihr sicher wähne. Manchmal, wenn ich meine Füße betrachte, die aussehen wie eine Kopie seiner, mit diesem komischen krummen kleinen Zeh, dann denke ich daran, wie wir abends vor dem Fernseher zusammen in seinem weißen Ledersessel saßen, unsere Füße nebeneinanderhielten und sie verglichen. Und wenn ein altes Auto an mir vorbeifährt, das mich an seines erinnert, verharre ich wehmütig in diesem Moment. Dann werden alle Befehle des Hirns an meine Nerven unterbrochen wie bei einem Kurzschluß, ich vergesse, wo ich hin wollte, und in mir rühren sich die Erinnerungen zusammen: Ich sehe ihn hinter dem Steuer sitzen, die Motorhaube öffnen, mit ölverschmiertem Gesicht unter dem Auto schrauben, sehe ihn, wie er mich als kleines Mädchen in den Wagen hob, weil das Trittbrett nicht betreten werden durfte, um es nicht zu verkratzen. Es dauert nur wenige Minuten, vielleicht nur Sekunden, dann ist der innere Film abgelaufen, und ich gehe weiter, als ob nichts gewesen wäre.

Ich mag Momente wie diese, auch wenn sie traurig sind. Mag es, meinen Onkel zu beobachten, der ihm mit den Jahren immer ähnlicher wird, in Bewegung und Mimik ihm so verwandt. Zwei Personen, ein Ausdruck. Wenn er mich in den Arm nimmt, fühlt es sich ein wenig so an wie damals bei ihm – nach Zuhause, ein bißchen.

Die Kränkung hat nachgelassen mit der Zeit, dem Wissen um die Krankheit, der Erfahrung der eigenen Verzweiflung und den Menschen, die ähnliche Schicksale teilen – es sind so viele. Sie haben die Berührungsängste vertrieben, das Stigma und den Anschein der besonderen Tragik. Die Geschichten von Suizid und Tod, von Krankheit und Enttäuschung lähmen mich heute nicht mehr, sie kommen nicht mehr aus dem Hinterhalt auf mich zu. Ich stehe vor ihnen, gewappnet mit meinem Erleben, der Erfahrung unbeschreiblicher Verlassenheit und neuem Mut, weiche nicht aus, renne nicht davon und versuche auch nicht, stärker zu sein als sie.

Sein Tod ist überstanden, er hat mich neu geformt und doch intakt gelassen, hat die Lebensmüdigkeit und Bitterkeit, die er mitgebracht hatte, wieder von mir genommen – auch dank eines neuen Lebens. Irgendwo zwischen vielen dunklen Momenten, schlaflosen Nächten und sorgenvollen Jahren ist aus einem erwachsenen Kind ein erwachsener Mensch geworden, eine eigenständige Person und Mutter. Erfahrungen und Empfinden sind tiefer, die Erwartungen kleiner geworden. Ich habe nicht viel geändert in meinem Leben, aber viel in meinem Leben hat mich geändert.

Irgendwann gehörten der Schmerz, die Verletzung und

Trauer, die er in mein Leben gebracht hat, dazu, und das alte Ich war mit ihm begraben. Jenes Ich, das seinen Tod auch als eigenes Verderben begriff. Manchmal fällt noch die Frage nach dem Warum, auf die ich nur kurz antworte: »Weil er Depressionen hatte.« Irgendwann ist alles gesagt, genug geredet – mehr Erklärungen gibt es nicht. Jedem weiteren Nachdenken darüber verweigere ich mich. Jeder Gedanke ist schon gedacht, jede Sorge durchlebt, jede Frage gestellt und jeder Zweifel durchgrübelt – zu oft.

Die alten Filmaufnahmen, die ihn so zeigen, wie ich ihn kenne, schaue ich nicht mehr an. Er wirkt auf diesen Bilder so grausam lebendig, so faßbar, so lebenslustig, daß ich es nicht aushalten kann. Dann suche ich wieder nach Anzeichen einer kranken Seele und finde sie nicht. Dann fange ich wieder an zu vergleichen zwischen vorher und nachher und darf es nicht.

Es gibt eine Aufzeichnung von ihm, vor großer Runde eine gute Rede haltend, sein Publikum lacht und klatscht, er strahlt und gestikuliert mit eleganter Haltung und ruhigen Händen. Er weiß um seinen Witz, weiß um die Treffsicherheit seiner Worte und freut sich wie ein Kind über den Applaus. Das Video ist keine zwei Jahre vor seinem Tod entstanden. Vielleicht werde ich es irgendwann mit meinem Sohn ansehen können, wenn er wissen möchte, wie sein Großvater war.

Die Erinnerungen an ihn verblassen wie in Zeitlupe, aber unaufhaltsam. Ich würde den Prozeß gern aufhalten, aber es ist gut, daß ich es nicht kann. Die Kraft des Neuen ist stärker als die des Vergangenen. Jeden Tag neue Erinnerungen und Erlebnisse, die die alten überlagern und die wichtiger sind. Jahre haben uns voneinander entfernt und so vieles gewandelt. Es geht uns gut. Wir leben, er ist tot.

Nur manchmal, wenn ich seine alten Freunde sehe – sie

sind mittlerweile alle pensioniert und Großväter –, wenn ich sie dabei beobachte, wie sie mit ihren Enkeln spielen, die damals noch nicht geboren waren, wie sie sie stolz und glücklich hin und her wippen, die Räder der Kinderwagen flicken und unbeholfen Fläschchen anrühren, dann möchte ich schreien und doch wieder fragen, wieso haben sie das Leben gemeistert und er nicht? Wieso ausgerechnet er? Wieso haben diese Babys Großväter, wie er einer sein könnte, und meines nicht? Es könnte soviel schöner sein mit ihm.

Und dann merke ich, wie der Selbstschutz versagen und alles wieder von vorn beginnen will, der Jammer, das Herzweh. Wie sich der Abgrund vor mir auftut und ich wieder hineinzufallen drohe. Wie ich zurückholen will, was nicht mehr ist, und das Herz, das sich gerade geöffnet hat, sich wieder zu verengen beginnt. Ich atme tief und regelmäßig. Ich gebe mich heimlich einigen Tränen hin und betrachte sein Porträt in meinem Wohnzimmer. Ich denke an meine Mutter, die wieder häufiger lacht, an meine Großmutter, die ihren Halt immer wieder und trotz allem im Glauben findet, an meinen Mann, der begeistert das Kind in seinem Wagen an der Alster entlangschiebt, und an meinen Sohn, der mich so sehr braucht. Ich denke an die Freunde, die mitfühlen und sich mit freuen und sich sonnen auf meinem Balkon. Es ist wieder Sommer. Ich blicke um mich und sehe überall vertraute Gesichter auf neuen Wegen. Und erkenne, daß ich nicht allein bin. Schon lange nicht mehr.

»Ich hätte sie retten können«

Stefan Meifeld, 44, ist als Logopäde in Hamburg tätig und lebt mit seinem Freund zusammen. Vor knapp einem Jahr hat sich seine ältere Schwester erhängt.

Am Anfang stellte ich mir ständig den Schmerz vor, den sie gefühlt haben muß. Nicht nur den Schmerz des Sterbens, sondern auch den davor, den, der sie in den Tod geführt hat. Ich schlief schlecht, wachte morgens sehr früh auf, sah die Bilder von ihr, die Szenerie in mir und weinte viel. Ich war noch nie zuvor in meinem Leben so traurig gewesen. Ich stellte mir immer wieder ihren Zustand vor, die Situation des Todes in der Wohnung und das körperliche Leid beim Erhängen. Diese Gedanken quälten mich ungemein, wochenlang dieses Gefühl absoluten Entsetzens, dem ich mich nicht entziehen konnte. Und Fassungslosigkeit, die mit der Nachricht einsetzte. Mein Freund hatte mich angerufen, als ich gerade bei strahlender Sommersonne im Schwimmbad lag, und mir gesagt, was passiert war. Ich bin dann wie aufgezogen, wie mechanisch nach Hause geradelt, ohne jedes Zeitgefühl. Ich habe einfach in die Pedale getreten, nichts gedacht und zu Hause erst meine Mutter und meinen Bruder angerufen. Die Stimme meiner Mutter war furchterregend. Ich war schockiert.

Die erste Zeit danach versuchte ich dennoch wie gewohnt weiterzumachen, fuhr wie geplant ein Wochenende nach Stockholm, ging in Ausstellungen und zum Sport, ernährte mich gesund und verwendete alle Kraft auf die Normalität. Die Ablenkung gelang nicht wirklich, aber ich konnte auch keine Ruhe und Stille ertragen. Ich habe sogar ein Buch gelesen, in dem es um den Galgentod ging. Darin war von »dem speziellen Tanz« die Rede. So wurden die letzten Momente der Todgeweihten genannt. Ich weiß nicht genau, warum ich mir das angetan habe, einerseits fühlte sich die Lektüre merkwürdig an, irgendwie nicht richtig oder ungehörig, andererseits suchte ich auch die Konfrontation, vielleicht um mit dem Schrecken fertig zu werden.

Ich konnte anfangs nicht in ihre Wohnung gehen, davor hatte ich furchtbare Angst, davor, ihre Sachen zu sichten und ihr Atelier auszuräumen, vor eventuellen Spuren, einem Strick, dem Stuhl ... Erst nach zwei Wochen fuhr ich dorthin. Meine Hände zitterten, als ich die Tür aufschloß, und als ich dann dastand in ihrer Wohnung, fand ich es gar nicht mehr schlimm. In diesem Moment wollte ich bleiben, um sie zu spüren oder mit ihr zu reden. In dem Türrahmen, an dem sie starb, waren nur winzige Bohrlöcher zu sehen, in denen wohl Haken gesteckt hatten. Ich habe mich gewundert, wie das gehalten haben mochte. Und dann lag noch ein Buch offen herum, aufgeschlagen auf einer Seite mit Knoten-Anleitungen. Die Nachricht ihres Suizids hatte mich umgehauen, jegliche Vorstellungskraft gesprengt, ihr Tod erschien mir so unglaublich brutal, ich hatte mir also eine Art Kriegsschauplatz vorgestellt, aber es sah alles ganz unspektakulär aus – der völlige Kontrast zu meiner Phantasie und meinen Gefühlen. Es war überhaupt nicht unangenehm, dort zu sein. Im Gegenteil.

Sie hinterließ Abschiedsbriefe für ihre Freunde. Meinen Bruder, meine Mutter und mich erwähnte sie mit keinem Wort. Nur an unseren Vater hatte sie noch einen Brief angefangen, aber nicht beendet. »Bei aller Liebe, du bist ein beschissener Vater gewesen«, stand dort, sonst nichts. Ihren Freunden schrieb sie, daß es ihr leid täte. Sie sei gescheitert in ihrer gesamten Lebensplanung, sie könne nicht anders. Sie schrieb, daß sie Schulden gehabt habe. Wir wußten nichts davon. Diese Briefe waren vollkommen konfus. Ich habe sie gelesen und gewußt, sie muß in einem emotionalen Extremzustand gewesen sein. Für mich erwecken sie den Eindruck, als sei ein Wahn über sie gekommen. Als hätte sie schnell und ohne zu überlegen noch etwas hingekritzelt. In der Wohnung fand man auch ein Geschenk für einen Geburtstag, sie hatte es sogar noch eingepackt.

Auch die Einladung für jenen Abend hatte sie nicht abgesagt. Als sie nicht auf dem Fest erschien, sorgte sich ein Freund, machte sich auf den Weg zu ihr und fand sie schließlich. Der Salat lag gewaschen in der Spüle, und es herrschte totale Unordnung. Irgendwas muß plötzlich in sie gefahren und immer stärker geworden sein. Ich habe lange darüber nachgedacht, ob ihr Suizid eine Kurzschlußhandlung war, aber ich denke trotz dieser Zeichen, eher nicht. Sie hatte kurz zuvor eine Absage bekommen für eine Stelle als Dozentin, auf die sie sich beworben hatte. Aber das kann höchstens der Auslöser für ihren Schritt gewesen sein. Sie war 45 Jahre alt, als sie starb.

Meine Schwester ist in ihrem Selbstwertgefühl und ihrem Selbstbewußtseins zerstört worden. Unser Vater sagte immer zu ihr: »Du taugst nicht, du landest noch mal in der Gosse.« Er konnte sehr verletzend sein, aber auch gleichgültig und dominant. Statt sich zu widersetzen, verinnerlichte sie seine Worte und führte sie für sich weiter. Sie hat ihr Leben lang nach der Annerkennung gesucht, die er ihr nie gab – und sie nicht gefunden, weil sie unfähig war, sich selbst zu mögen. Mit 16 hatte sie schon einmal zu viele Medikamente genommen. Ich erinnere mich nur noch an die Aufregung und das Durcheinander, das bei uns herrschte, aber ich habe nicht begriffen, daß sie sich damals schon umbringen wollte. Das hat mir meine Mutter erst vor kurzem erzählt. Sie war wohl auch unglücklich verliebt.

Als unser Vater dann starb, stürzte sie psychisch total ab. Ich glaube, es lag daran, daß sie Schuldgefühle hatte, weil sie es ihm nie recht machen konnte. Sie interpretierte immer alles gegen sich – ein fatales und selbstzerstörerisches Verhalten. Als er starb, war sie Anfang 40. Sie rief mich kurze Zeit danach an und klang sehr mitgenommen. Ich sorgte mich und fuhr zu ihr. Als ich sie sah, wurde mir erstmals bewußt, daß sie große psychische Probleme hatte. Sie zitterte, litt unter Angstvorstellungen und sagte, sie höre Stimmen, die ihr befahlen, sich umzubringen. Sie fürchtete sich vor diesen Stimmen und vor diesem Sog, der sie erfaßt hatte. Und ich konnte ihr nicht helfen, konnte nur bei ihr sein, versuchen, sie zu beruhigen und an ihre Vernunft zu appellieren. Ein bißchen funktionierte das sogar. Manchmal sagte sie: »Du hast ja recht, ich versuche es.« Nachdem ich wieder zu Hause war, telefonierten wir, täglich, stundenlang immer das Gleiche. Sie kreiste nur noch um sich und wiederholte ständig, wie schlecht es ihr ginge. Sie lebte wie in einem Film, in dem nur sie noch spielte. Ihre Freunde zogen sich zurück, weil sie es nicht aushalten konnten und weil sie sich selbst derart isolierte, daß sie für niemanden mehr erreichbar war. Auch ich bin dann aggressiv geworden und habe ihr gesagt: »Ich kann nicht mehr, ich lege jetzt auf.« Manchmal hatte ich sogar das Gefühl, das half und verschaffte ihr Klarheit, weil sie merkte, daß sie sich ihrem Bruder gegenüber anders verhalten muß.

Sie sagte später, als es ihr wieder besser ging und sie stabiler schien, einige Male zu mir: »Wenn nichts mehr geht, nehme ich mir eben einen Strick.« Sie sagte es ganz lapidar dahin, scherzhaft, und lachte dann schallend. Dieses Lachen brach mit einer unnatürlichen Gewalt aus ihr heraus, aber es klang so unwirklich, daß ich sie nicht ernst nehmen konnte. Sie hat nie gesagt: »Ich kann nicht mehr, hilf mir!« Dann hätte ich sie sicher aufhalten können, auch wenn ich es leid war, mich ständig um sie zu sorgen.

Sie war auch in Behandlung, einmal sogar stationär in einer psychosomatischen Klinik – und diese in sich geschlossene Welt bekam und gefiel ihr gut. Die anschließende ambulante Therapie jedoch machte ihr angst. Sie wollte nichts von Psychose hören, sie wollte sich nicht als krank verstehen. Das machte für sie alles nur schlimmer.

Einige Wochen vor ihrem Tod sind wir noch einmal furchtbar in Streit geraten, weil sie vehement auf etwas beharrte, mit dem sie sich nicht genau auskannte. Ich warf ihr dann irgend etwas von Psychiatrie an den Kopf und verletzte sie damit sehr. Dadurch stellte ich sie genau in die Ecke, in die sie nicht hinein wollte, weil sie sich dort als noch gescheiterter empfand. Im nachhinein tut mir dieses Verhalten unendlich leid. Ich hätte ihr helfen müssen. Vielleicht habe ich ihr sogar noch zusätzlich weh getan und bin ein Baustein dessen gewesen, was sie zu diesem Ende getrieben hat. Ich war ein Teil ihres Lebens, und ich war involviert bis zum Schluß. Es ist nicht alles richtig gewesen in der Beziehung zwischen uns. Das bereue ich sehr, aber ich kann und will mich deshalb nicht mehr schuldig fühlen. Rational betrachtet, weiß ich, daß mich keine Schuld trifft, aber es fühlte sich für lange Zeit doch anders an. Dieses Gefühl und die Selbstvorwürfe lassen nach, aber am Anfang habe ich mich ständig gefragt: »Wie konntest du nur?« Mittlerweile grenze ich mich besser ab. Ich glaube nicht, daß es in solchen Fällen einen Schuldigen oder eine Schuld gibt. Wenn man heftig mit jemandem streitet, und derjenige nimmt sich daraufhin das Leben, dann ist der Überlebende nicht schuld. Die meisten Menschen überstehen solche Konflikte, weil sie sie aushalten und sich wehren können. Aber genau das konnte meine Schwester nicht: sich wehren. Und das tut mir so entsetzlich leid für sie.

Ich weiß nicht, was ich konkret hätte tun können, um sie zu retten, aber ich weiß, ich hätte mehr Liebe zeigen müssen. Jemand, der sie so gut kannte und wie ich sowohl bluts- als auch wesensverwandt mit ihr war, hätte sie retten können. Diesen Glauben möchte ich bewahren, auch wenn er es schwer für mich macht, aber ich möchte einfach daran festhalten, daß man Menschen vor ihrem Elend bewahren und mit Liebe retten kann – das ist ein Grundbedürfnis von mir. Ihr Tod mußte nicht sein. Es gibt immer eine Lösung, daran möchte ich glauben, alles andere ist mir zu gleichgültig. Zu lieblos. Zu einfach.

Sie litt natürlich unter extremen Depressionen, aber die kommen doch irgendwoher, haben eine Ursache. Das Seelische hat das Körperliche bedingt, dann spielten Hormone und Botenstoffe verrückt, aber letztendlich ist sie ein Produkt ihrer Geschichte gewesen. Ich sehe sie als Opfer, nicht als Täter. Deshalb empfinde ich ihren Tod auch vor allem als ihr Unglück und hüte mich davor, daraus Unglück für mich abzuleiten.

Ich habe meine Schwester geliebt, aber wohl nicht genug. Es war zuwenig, viel zuwenig, denn meine Liebe zu ihr war ambivalent. Ich wollte sie immer anders haben, als sie war. Einerseits wollte ich ihr helfen und anderseits immer nur schnell weg. Ich hätte mir gewünscht, daß sie locker und souverän ist, daß wir uns freudig begrüßen, wenn sie uns besuchte, uns umarmen und erst mal hinsetzen, plaudern und lachen. Aber wenn sie kam, war die Situation immer angespannt und anstrengend. Sie sah immer fertig aus, ein bißchen zerlumpt und völlig abgekämpft, die Schminke zerlaufen, Ringe unter den Augen. Sie war ständig unter Strom, und ich habe sie deshalb abgelehnt, weil mir ihre Hilflosigkeit und Unsicherheit angst machten. Sie hatte etwas an sich, was mich bedrückte, etwas Unglückliches. Dieses Unglück wollte ich nicht bei mir haben, das wollte ich abwehren. Darum hatte ich anfangs ein sehr schlechtes Gewissen, aber dann habe ich mir geschworen, stark zu sein – für sie. Mich nicht kaputtmachen zu lassen – für sie. Ihr etwas Gutes zu tun, dadurch, wie ich jetzt lebe, auch wenn das vielleicht merkwürdig klingt.

Meine Schwester und ich haben die gleiche Sozialisation, die gleiche Geschichte und Erziehung. Ich weiß, worunter sie gelitten hat. Ich kenne ihren Kampf. Diese Parallelen sind mir unheimlich. Ich denke nicht in der Konsequenz meiner Schwester, aber dieses Sich-in-Frage-Stellen und Suchen nach Anerkennung und Sinn, dieses Hadern mit dem Leben, das ist mir alles nicht fremd. Das erzeugt Leiden. Aber ich bin noch hier, ich wehre mich. Obwohl ich meine Schwester verstehen kann, will ich nicht akzeptieren, daß dieser Tod möglich war. Das hieße ja, daß ich auch so enden könnte. Diesen Gedanken verjage ich, den kann ich nicht zulassen, das würde ich niemals tun. Die Welt kann noch so schlimm sein, die Enttäuschungen noch so groß, aber ich will davon unabhängig sein. Ich möchte mich von meiner Geschichte loslösen, sosehr sie mich auch geprägt hat. Ich werde mich nicht wie meine Schwester durch irgend etwas oder irgend jemanden zerstören lassen, sondern den Umständen trotzen. Ich möchte leben.

Dafür braucht man Schutz, und Schutz heißt für mich, einen guten Kern zu haben, an dem keiner rütteln kann. Und auch bestimmte Dinge zu vermeiden. Ich vermeide es, mit unserer Mutter ausführlich über meine Schwester zu reden. Das kann ich nicht, dann würde ich ihr Vorwürfe machen. Was passiert ist, ist nun mal passiert. Ich vermeide auch, mir Fotos von ihr anzuschauen. Das habe ich einmal getan, etwa zwei Monate nach ihrem Tod, als mir ein Bild von ihr in die Hände fiel, auf dem sie im Rhein badet, lachend – ich konnte nur noch weinen, haltlos. In meinem Zimmer hängen jedoch Bilder, die sie gemalt hat und die ich mir gern ansehe. Sie war Künstlerin. Wenn ich Klavier spiele oder auf dem Sofa liege, schaue ich mir ihre Bilder an, dann sehe ich sie vor mir, malend, dann spüre ich sie, schemenhaft nur, aber schön. Am Ende ihres Lebens hat sie zu meinem Erstaunen keine düsteren, sondern im Gegenteil vitale, fröhliche Bilder gemalt: Familienszenen, Kinder unter Sonnenschirmen und Sportbilder von kraftstrotzender Frauen, die über Hürden springen. Irgendwann werde ich mich auch mit den Fotos auseinandersetzen, die ich mitgenommen habe und die noch unangerührt in Kisten bei mir liegen. Noch kann ich es nicht. Ich erschrecke schon manchmal vor mir selbst, wenn ich in den Spiegel schaue und plötzlich sie in meinem Gesicht entdecke.

Manchmal sehe ich ihre Bilder auch an und denke: Du darfst sie nicht vergessen. Du darfst sie nicht so schnell zur Seite legen. Denn ich neige dazu, zu verdrängen. Diese unkontrollierbare Traurigkeit hat aufgehört, aber dann kam die Trauer. Ich frage mich, wie trauert man eigentlich? Trauert man überhaupt richtig? Am Anfang habe ich einfach nur funktioniert, habe Todesanzeigen verschickt, alle ihre Termine abgesagt und die vielen Anrufe beantwortet. Alle wollten wissen, was passiert war und wie es passiert war. Und alle waren fassungslos, keiner konnte es glauben. Sie sagten: »Das kann doch nicht sein, sie war doch so lebendig und tough.« Meine Schwester hat sehr viel Energie darauf verwendet, ihre Ängste zu verbergen – zumindest in ihrer Selbstdarstellung nach außen. Ihren kaputten Kern konnte sie abspalten, der war nicht für jeden sichtbar, für mich aber schon. Die Betroffenheit ist dadurch größer bei einem Tod wie ihrem. Es kamen unglaublich viele Menschen zu ihrer Beerdigung. Mich hat das gefreut, und es tat mir gut zu sehen, daß andere auch soviel weinen. Diese geballte Traurigkeit hatte etwas Verbindendes. Bei der Beerdigung sind alle Dämme gebrochen, es gab kein Halten. Da brach alles heraus. Zugleich war es ein Abschiednehmen von der Kindheit, als sie noch meine große, verrückte Schwester war, die verrückte Freunde hatte, die in der Fußgängerzone mit ihren Trommeln Musik gemacht haben, und die in irgendeiner Absteige wohnte. Ich habe meiner Schwester einen Brief mit ins Grab gegeben, in dem ich mich bei ihr entschuldigte – und das Gedicht von Heinrich Heine »Ich hab im Traum geweinet«, das in diesem Moment für mich alles ausgedrückt hat:

Ich hab im Traum geweinet,
Mir träumte, du lägest im Grab.
Ich wachte auf, und die Träne
Floß noch von der Wange herab.

Ich hab im Traum geweinet,
Mir träumt', du verließest mich.
Ich wachte auf, und ich weinte
Noch lange bitterlich.

Ich hab im Traum geweinet,
Mir träumte, du bliebest mir gut.
Ich wachte auf, und noch immer
Strömt meine Tränenflut.

Nach dem Begräbnis rettete oder vielmehr zwang ich mich sehr schnell in eine Stabilität, die ich einfach brauchte. Jeden Tag aufs neue, jeden Tag weniger Gedanken an sie. Es war ein schleichender Prozeß. Manchmal holen mich die Emotionen, die Trauer und Ratlosigkeit trotzdem wieder ein, obwohl ich es nicht will. Ich versuche Trauer zu vermeiden, denn sie fühlt sich so haltlos und einsam an, und ich möchte wieder Halt finden in meinem Leben. Trauer heißt Kontrollverlust – und der ist schwer zu ertragen. Ich hätte mir dafür Beistand und Trost gewünscht, aber ich denke, so etwas gibt es nicht. Man ist in einer solchen Situation so maßlos bedürftig, daß die Erwartungen gar nicht erfüllt werden können. Selbst wenn dir Liebe, Sicherheit und Geborgenheit gegeben wird, du kannst es nicht sehen, nicht empfinden. Darauf kann niemand richtig reagieren, man muß diesen Schmerz mit sich selbst ausmachen.

Nach ihrem Tod habe ich sehr bald eine Therapie begonnen, unter anderem weil ich mich vor der seelischen Zerstörung, die sie erfaßt hatte, fürchtete – und vor unseren Parallelen. Wenn ein Suizid in der Familie passiert, überlegt man automatisch, was dieses Schicksal für einen selbst bedeutet und ob es einem wohl auch blühen könnte.

Einmal pro Woche gehe ich zur Therapie und merke dort, wie stark meine Schutz- und Abwehrmechanismen sind. Ich komme aber auch an den Punkt, an dem sie brechen und die Trauer heraus kann, weil ich mich dort geschützt fühle. Ich weiß, daß ich dieses Gefühl zulassen muß, daß ich nicht davor weglaufen kann. Wenn du dich immer so kurz vor diesem Gefühl befindest, dann bewegst du dich in einem Raum, in dem nichts stattfindet, in dem du nichts, auch dich selbst nicht mehr spürst – du lebst neben jeder Empfindung. So geht es mir häufig. Die

Therapie ist wichtig, um mich wieder zu spüren. Ich möchte nicht abstumpfen. Ich möchte an meine Gefühle herankommen und für sie einen Platz finden. Ich will ehrlich zu mir sein und lernen, keine Angst zu haben vor der Enttäuschung und Trauer, auch wenn ich mich in den Momenten schäme, wenn sie dann aus mir herausbrechen.

Ich rede nicht gern über den Tod meiner Schwester, weil ich keine Lust habe zu erklären, keine Lust auf dieses Entsetzen in den Gesichtern der anderen, keine Lust auf falsches Mitleid, das nur Sensationslust ist. Es ist mir auch unangenehm. Ich weiß, es gibt keinen Grund, sich zu schämen, aber man tut es eben doch. Was soll ich denn antworten auf ihre Fragen? Ich kann ihr Entsetzen ja verstehen, ich kenne es von mir selbst. Auch ich bin in diesem Tabu Suizid irgendwie verhaftet und habe jedesmal das Gefühl, etwas sehr Intimes preiszugeben, wenn ich davon erzähle. Es war nun mal kein Unfall. Und trotzdem erledigt sich das Thema sehr schnell für die anderen, sie gehen zur Tagesordnung über, nachdem sie einmal Betroffenheit gezeigt haben. Es gibt kaum Schonfrist.

Nur bei Menschen, denen ähnliches widerfahren ist, geht es mir nicht so. Wenn ich von deren Verlust höre, bin ich geradezu erleichtert. Mittlerweile bin ich sogar sehr neugierig und empfänglich für Geschichten anderer Betroffener. Ich lese viel über das Thema. Direkt nach dem Tod meiner Schwester fiel mir auch auf, wie häufig sich Menschen in Filmen und im Fernsehen das Leben nehmen. Plötzlich nahm ich solche Szenen, in denen sich jemand erhängt, ganz anders wahr. Ich konnte und kann diese Bilder allerdings nur schwer ertragen. Das ist wie ein Schlag mitten ins Gesicht. Es gab Filme, die ich aus diesem Grund nicht zu Ende gesehen habe.

In meinem Schmerz wiedergefunden habe ich mich

eher in der Musik, in Opern etwa. Anfangs hörte ich häufig Verdis »La Traviata«. Es gibt dort eine Stelle, wo Violetta Valéry stirbt, dann wieder Leben in sich spürt und schließlich doch sagt: »Es ist zu spät.« Die nicht ausgesprochenen Gefühle, das Leid, all das wird aufgelöst, ändert aber nichts mehr an ihrem Tod. Das hat mich sehr gerührt. Dabei konnte ich meinen Gefühlen freien Lauf lassen, die Musik war wie ein Ventil.

Die Erfahrung mit dem Suizid meiner Schwester hat meinem Leben, glaube ich, viel emotionale Tiefe gegeben und meine Werte neu sortiert. Ich habe mir vorgenommen, mich äußerem Druck besser zu entziehen und gleichzeitig dem Leben einen Sinn zu geben, durch das, was ich tue, wie ich es tue oder mit welchem Gefühl ich es tue. Beziehung zu führen, Beziehungen zu pflegen ist für mich wichtiger geworden, genauso wie das Gefühl, mit sich zufrieden zu sein, Glück zu empfinden, weil meine Schwester gerade das nicht konnte. Andererseits gehen mir Eigenschaften wie Oberflächlichkeit und Mangel an Tiefe furchtbar auf die Nerven, jede Form von Zurschaustellung und Aufgeplustertheit der Leute, die mit ihren Problemchen glauben, das Leben zu kennen. Das ist keine Arroganz, sondern eher Ausdruck meiner veränderten Sicht auf die Dinge. Mir ist bewußt geworden, daß das Leben schnell die Spur wechseln kann, daß nicht alles schön ist und spaßig, nicht alles locker und leicht. Ich bin kein anderer Mensch geworden, aber insgesamt schon verhaltener, zurückgezogener, auch trauriger. Ich lache viel weniger als früher. Und gleichzeitig – während ich über vieles den Kopf schüttele – habe ich auch eine größere Toleranz dem Leben gegenüber. Der Suizid ist ja auch aus dem Leben geboren.

Die Beziehung zu meinem Freund ist durch diese Belastung sogar intensiver geworden. Er hat mich in Situationen gesehen, in denen er mich nicht kannte, er hat tiefere Schichten von mir kennengelernt – das verbindet und schafft Verantwortung füreinander. Irgendwann wird auch meine Traurigkeit wieder verschwinden, sich irgendwo absetzen und als größere Intensität meiner Gefühle zum Ausdruck kommen. Ich werde stärker empfinden können, weil meine Schwester in gewisser Weise immer dabei ist.

Gelegentlich fahre ich mit meinem Bruder und meiner Mutter zu ihrem Grab. Das tut uns allen sehr gut. Ich habe das starke Bedürfnis, den Rest meiner Familie zu bewahren. Wir empfinden dort eine Nähe zueinander, die wir vorher nicht hatten und sonst auch nicht haben. Unmittelbar nach dem Tod meiner Schwester konnten wir uns gut stützen, aber dann ist jeder wieder in seine Welt zurückgekehrt. Mein Bruder wird jetzt Vater, was sicher auch eine Reaktion auf den Tod unserer Schwester ist. Wenn wir zusammen an ihrem Grab stehen, fühlt es sich ein bißchen wie zu Hause an. Traurig und gleichzeitig schön. Ich schaue dann auf den Stein und freue mich, ihren Namen dort zu lesen, der sonst kaum noch fällt. Ich habe sogar ein Foto vom Grabstein in meiner Wohnung, das ich genauso gern betrachte wie ihre Bilder.

Bald jährt sich ihr Tod zum ersten Mal. Ich möchte diesen Tag nicht zelebrieren, ihm nicht zuviel Bedeutung geben, sondern ihm den Schrecken nehmen. Ich werde in den Urlaub fahren, mich am Strand an sie erinnern und denken: »Das hättest du auch haben können, das entgeht dir jetzt. Du bist so dumm gewesen, auf das Leben zu verzichten.« Ich werde mit guten Gedanken bei ihr sein.

Ich glaube, meine Schwester hat ihre Erlösung gefunden. Und ich wünsche ihr jetzt ein Dasein, in dem sie den Kampf, das Suchen, das Leid und die Zerstörung nicht mehr ertragen muß und wo sie sich anders wahrnehmen kann. Ich bin nicht wütend auf sie. Wut habe ich nur auf all das, was sie dahin geführt hat. Gekränkt bin ich wohl, weil sie sich nicht von mir verabschiedet hat und ich nicht weiß, warum. Ihren Freunden schrieb sie: Ihr habt mir viel bedeutet. Wir nicht? Sie hat wohl keine Nähe mehr zu ihrer Familie empfunden in ihrer letzten Stunde. Vielleicht schämte sie sich auch vor uns oder sah uns einfach nicht mehr. Ich kann mir nicht vorstellen, daß sie uns nicht mehr mochte. Ich muß ihr diese Kränkung vergeben. Und ich muß ihren Weg akzeptieren, es war ihr Weg. Meiner ist ein anderer. Ich lebe.

»Mein Hauptgefühl ist Wut«

Helene Wagner, 40, ist Arzthelferin in Essen und hat zwei 17jährige Kinder – ein Zwillingspaar. Vor gut sechs Jahren hat sich ihr Mann vor ihren Augen in der Praxis, in der sie damals tätig war, erschossen. Fünf Jahre nach seinem Tod ist sie mit ihrem neuen Freund zusammengezogen.

Es passierte an einem Freitag im April. Kurz nach acht Uhr morgens. Ich kochte gerade Kaffee, als ich hörte, wie jemand hereinkam. Ein Patient saß bereits im Wartezimmer. Ich ging zurück zum Tresen, und dann stand er vor mir. Mein Mann. Ich war völlig überrascht und erleichtert, ihn wiederzusehen. Am Tag zuvor war er mit dem Motorrad verschwunden. Die Kinder hatten einen Abschiedsbrief gefunden und mich angerufen. In seinem Zimmer zu Hause lagen sehr viele Bilder von mir und den beiden Kindern ausgebreitet. Ich hatte die Polizei benachrichtigt, nachdem ich ihn nirgends erreichen konnte, und dann die Nacht bei meinem Vater verbracht. Ich konnte einfach nicht im Haus bleiben. Ich war völlig verwirrt. Als ich morgens, vor der Arbeit, noch mal bei uns vorbei gefahren war, sah ich, daß er dort gewesen sein mußte. Jemand hatte die Katze hineingelassen. Ich wußte also, er lebt.

Und dann stand er plötzlich vor mir in der Praxis. Ich wollte gerade sagen: »Ein Glück, da bist du ja wieder«, aber er kam mir zuvor. Er schaute mich an und sagte: »Ich wollte dich nur noch einmal sehen.« Dann hob er seine rechte Hand, die eine Magnum hielt, steckte sie in den Mund und drückte ab. Es gab einen unglaublichen

Knall. Zuerst war ich wie versteinert und dachte: »Das kann gar nicht sein. Ich habe ihm seine Waffe schon vor Wochen weggenommen.« Und dann schrie ich, rannte hinaus – an ihm vorbei. Mein Mann war 40 Jahre alt, als er starb.

Irgendwann kam ein Rettungswagen. Um zu erfahren, was vor sich ging, bin ich wieder hineingegangen: Ich sah eine riesige Blutlache, sonst nichts. Der Arzt sagte, er sei tot, habe wohl aber noch für kurze Zeit gelebt. Ich weiß nicht, wie lange ich dort saß oder was mein Chef und die anderen zu mir sagten. Ich weiß nur, daß ich meine Schwiegereltern anrief, dann meinen Vater, um ihn zu bitten, die Kinder von der Schule abzuholen, und eine Psychologin. Ich wollte wissen, wie und was kann ich den Kindern sagen. Das war einer meiner ersten Gedanken. Sie riet mir, nur das zu sagen, wozu ich bereit sei – durchaus die Wahrheit, aber nicht jedes Detail. Ich hätte ihnen auch niemals erzählen können, wo und wie es passiert ist und daß ich dabei war.

Das war die einzige Situation, in der ich dachte, das schaffe ich nicht. Ihnen zu sagen, daß ihr Vater sich umgebracht hat. Ich wußte, ich muß es tun, weil es sonst keiner tut, aber das war das Schlimmste und Schwierigste, was ich je in meinem Leben durchstehen mußte. Als ich zu Hause ankam, sah ich meinen Sohn und meine Tochter auf mich zulaufen. Sie haben mich so hoffnungsvoll angesehen, weil sie auf mich vertrauten, weil sie in dem Glauben lebten: Mama macht alles gut. Ich werde diesen Blick nie vergessen, diesen Ausdruck, der gleichzeitig auch wissend war. Sie haben es mir angesehen, und wahrscheinlich hätte ich gar nichts mehr sagen müssen. Geweint haben sie zunächst nicht, erst später.

Ich konnte in der Nacht nicht schlafen, sondern nur an seine letzten Worte denken. »Ich wollte dich noch einmal sehen.« Immer wieder dieser Satz und das Bild von ihm mit der Waffe im Mund. Am nächsten Tag bin ich mit den Kindern zum Campen an einen See gefahren und am Sonntag in einen Märchenpark. Das war alles so unwirklich. Ich habe mich gefragt: »Was machst du hier eigentlich?« Ich hatte das Gefühl, falsch zu sein, nirgendwo mehr dazu zu gehören. Ich fühlte mich wie ausgesondert, aussortiert, abgeschoben in ein inneres Ghetto.

Ich war wild vor Wut. Vor allem weil er die Kinder im Stich gelassen hatte – auch seinen Sohn und seine Tochter aus erster Ehe. Und gleichzeitig fragte ich mich, ob man überhaupt auf jemanden zornig sein darf, der tot ist. Rational betrachtet, weiß ich, daß ein Mensch, der so etwas plant, krank sein muß und an gar nichts anderes mehr denken kann. Auch nicht an die Verantwortung, die er für seine vier Kinder hat. Aber Verstand und Gefühl sind zweierlei – und man bekommt beides einfach nicht zusammen.

Ich verstehe auch nicht, warum er den Abschiedsbrief so hingelegt hat, daß ihn unsere Kinder finden mußten. Wie konnte er ihnen das antun? In diesem Brief beschuldigte er mich schwer, ohne sich zu erklären. Kein Wort über das Warum. Er gab darin noch einige Anweisungen, welches Kind was bekommen soll. Er schrieb, er wolle nicht mehr leben und ich könnte nun mit jedem Mann etwas anfangen. Ich war so wütend, weil die Kinder das gelesen hatten und mich natürlich fragten, ob es stimmte. Es stimmte nicht. Es gab keinen anderen Mann in meinem Leben, nicht mal in meiner Vorstellung. All seine Anschuldigungen waren haltlos. Ich wollte den Brief nicht behalten, die Polizei hat ihn mitgenommen.

Wahrscheinlich hatte er Angst, daß er mich und damit auch alles andere verlöre. Obwohl ich unzufrieden war mit unserer Ehe, hatte ich nicht vor, ihn zu verlassen. Ich wollte noch nicht aufgegeben. Vielleicht wenn es so weitergegangen wäre, dann vielleicht. Nach seiner ersten Ehe mußte er an seine Exfrau und die beiden gemeinsamen Kinder viel Unterhalt zahlen. Aber selbst wenn es mit uns genausoweit gekommen wäre – daran muß doch niemand sterben. Oder vielleicht doch? In Kombination mit einer depressiven Grundlage, die bei ihm ohne Zweifel bestand, reichte es offenbar. Er kam nicht mehr heraus aus dieser Spirale der Selbstzerstörung. Etwas stimmte nicht mit ihm. Sein Hausarzt hatte ihn bereits zum Psychologen überwiesen. Ich glaube, er war nur ein einziges Mal dort, und er wollte partout nicht darüber sprechen. Er sagte nur, er müsse da nicht wieder hin.

Irgendwann, als unsere Kinder größer waren, fing ich an, abends wieder auszugehen. Das gefiel ihm nicht. Wahrscheinlich fühlte er sich zurückgesetzt oder isoliert oder einsam oder alles zusammen. Er war aber sowieso nie zu Hause, weil er auswärts arbeitete. Ich habe mich dann während der Woche mit Freunden getroffen, er interessierte sich ohnehin nicht für meinen Bekanntenkreis. Er konnte niemanden von ihnen leiden und war sehr eifersüchtig. Manchmal habe ich ihn sogar angelogen oder mich aus dem Haus geschlichen wie ein Teenager, nur um mit einer Freundin auf die Kirmes gehen zu können. Ich wollte mich mit über 30 Jahren nicht mehr kontrollieren lassen. Als ich später seinen Schreibtisch durchsuchte, fand ich sogar Notizen darüber, wie er mir nachspioniert hatte. Ich habe keine Ahnung, warum er das tat.

Früher war er auch gern unter Leute gegangen, zum Stammtisch, Frühschoppen oder Fußball, aber das interessierte ihn irgendwann alles nicht mehr. Am Wochenende, wenn er zu Hause war, saß er immer nur in seinem Zimmer und lernte für irgendeinen Abschluß. Er wollte nur in Ruhe gelassen werden und verbrachte so gut wie nie Zeit mit uns. Wir haben wohl auch viel unter den Teppich gekehrt. Ich habe mich um alles gekümmert, um das Haus, die Finanzen, die Kinder, meine Großmutter, die Arbeit – habe alles an mich gerissen und ihn nicht mit einbezogen. Ich hatte keinen Zugang mehr zu ihm. Und er zog sich immer weiter zurück. Vielleicht hätte ich mehr nachfragen müssen.

Etwa ein Jahr vor seinem Tod hatten wir einen sehr schlimmen Streit. Er schrie, ich könne gehen, wenn ich wollte. Aber ich wollte nicht. Und dann sagte er plötzlich: »Du kommst hier nicht raus, höchstens mit den Füßen voraus. Dann blas ich dir die Rübe weg.« Ich dachte, der spinnt, guckte ihn fassungslos an, habe seine Worte aber nicht ernst genommen. Er war kein aggressiver Mensch, es hat ihm nur einfach vieles nicht gepaßt, was ich gemacht habe.

Manchmal rastete er schon aus, wenn die Kinder auf dem Sofa herumsprangen oder wenn mal wieder überall ihr Spielzeug verstreut lag. Er war sehr streng mit ihnen. Vielleicht lag das daran, daß seine Eltern ihn als Kind oft schwer verprügelt hatten. Ich weiß es nicht. Er war sehr genau, ordentlich und perfektionistisch. Manchmal hat er die Schränke fein säuberlich aufgeräumt, und ich habe verzweifelt versucht, seine Ordnung beizubehalten – ohne Erfolg. Im Vergleich zu ihm bin ich chaotisch im Haushalt. Wenn ich koche, sieht die Küche danach wüst aus. Das hat ihn wahnsinnig gemacht. Bei ihm war immer alles blitzblank. Wenn er kochte, dann nur ganz exakt nach Rezept und extrem aufwendig. Er hatte sehr hohe Ansprüche an uns und noch höhere an sich selbst – und ich denke, er ist an ihnen gescheitert. Sowenig wie wir es ihm recht machen konnten, sowenig ist er sich selbst gerecht geworden.

Aber wir hatten natürlich auch sehr schöne Zeiten miteinander. Als ich ihn kennenlernte war ich 22 Jahre alt und beeindruckt von seiner Erfahrung. Er hat mich erobert, war abenteuerlustig – das gefiel mir. Am Ende war davon nichts mehr übrig. Irgendwie ist uns die Liebe abhanden gekommen. Es funktionierte alles nicht so, wie wir es uns vorgestellt hatten. Ich weiß auch nicht, ob ich ihn am Ende noch geliebt habe, ich ging allerdings immer davon aus, daß er mich liebte. Aber wenn man jemanden liebt, dann bringt man sich doch nicht um, oder?

Ich habe wirklich nicht geahnt, wie schlecht es ihm ging. Obwohl ich ihm kurz vor seinem Tod die Waffe wegnahm. Ich ging zu ihm in sein Zimmer, weil er sich den ganzen Tag nicht hatte blicken lassen, und da saß er und betrachtete intensiv die Magnum in seiner Hand, für die er einen Waffenschein besaß. Als ich ihn so sah, fiel mir seine Drohung bei unserem Streit ein. Vielleicht bekam ich Angst, jedenfalls habe ich sie am nächsten Tag geholt und zu einer Freundin gebracht. Er bemerkte das Verschwinden kurze Zeit später, sagte aber nichts weiter dazu. Er besorgte sich einfach eine neue.

Statt Mitgefühl bekam ich nach seinem Tod nur Vorwürfe. Von allen Seiten griffen sie mich an. Meine Schwägerin sagte: »Wenn du in der Nacht vor seinem Tod zu Hause gewesen wärst, würde er noch leben.« Meine Schwiegereltern sagten: »Jetzt hast du es ja endlich geschafft.« Danach redeten sie kein Wort mehr mit mir oder meinen Kindern, obwohl sie im Haus nebenan wohnten. Ich dachte nur »Laßt mich doch alle in Ruhe« und machte einfach weiter. Die vielen praktischen Dinge haben mich irgendwie über Wasser gehalten, weil sie mich abgeschottet haben vor Gefühlen, die ich wohl nicht hätte aushalten können. Die holten mich erst viel später ein. Also beschäftigte ich mich zunächst lieber mit

Fragen wie »Was ziehe ich zur Beerdigung an?« und telefonierte mit dem Pathologen, um zu erfahren, ob die Familie den Toten noch einmal sehen könne. Sie wollten alle noch einmal zu ihm. Auch die Kinder. Der Anblick, wie er im Sarg lag, hat mich lange verfolgt, Augen und Mund leicht geöffnet, das Gesicht eingefallen und schneeweiß. Von der Verletzung war nichts zu sehen, aber an den Mundwinkeln hatte er blutrote Flecken. Für die Kinder war das nicht mehr ihr Vater. Sie gaben mir ein selbstgebasteltes Geschenk für ihn, und ich legte es in den Sarg. Anfassen konnte ich ihn nicht. Ich wollte nur weg und die Kinder auch. Zu Hause holten wir dann einen roten Fruchtsaft aus dem Kühlschrank, den aber keiner mehr trinken wollte – weil er dasselbe Rot hatte wie die Flekken in seinem Gesicht. Bis heute haben wir nie wieder diesen Saft gekauft. Komisch, an was man sich später erinnert.

Bei den Beerdigungsvorbereitungen habe ich dann trotz ihres Verhaltens meine Schwiegereltern einbezogen. Ich wollte sie einfach nicht ausschließen. Sie kamen auch zur Beerdigung, setzten sich in die erste Reihe, und für mich und die vier Kinder gab es keinen Platz mehr. Wir mußten in die zweite Reihe. Mir war das alles egal. Es regnete, das fand ich toll. Ich hielt mich an meinem Schirm fest, und keiner konnte mich richtig sehen. Ich habe nicht geweint. Aber auch das war egal, denn hätte ich geweint, hätten die Leute mich als falsche Schlange beschimpft. Ich konnte nur verlieren. Es wurde viel geredet über mich. In einem kleinen Dorf gibt es keine Gnade. Wahrscheinlich wollen die Leute nur verstehen, aber keiner will darüber nachdenken, daß jemand, der sich umbringt, krank gewesen sein muß. Diese Erklärung ist zu schwierig. Es ist viel einfacher, über andere zu urteilen, weil man dabei so wunderbar seinen eigenen Müll verstecken kann. Dieses böse Getratsche hat mich sehr verletzt und belastet. Allerdings hatte es auch den Effekt, daß ich trotzig wurde. Je mehr sie mich beschuldigten, um so weniger schuldig fühlte ich mich. Sosehr mein Mann auch versucht hat, mir mit seinem Tod noch etwas mitzugeben und mir die Verantwortung zu übertragen, sosehr habe ich dagegengehalten und gedacht: »Du schaffst es nicht, mir eins auszuwischen.« Ich bin nicht in die Verteidigung gegangen, nicht vor ihm und nicht vor den anderen. Warum soll ich mich vor Leuten rechtfertigen, die nichts über ihn und mich wußten? Sie sagten, er sei Alkoholiker gewesen, aber das stimmte nicht. Sie sagten, ich hätte mit jedem, mit dem ich nur sprach, eine Affäre gehabt – auch das stimmte nicht. Es war wohl der einfachste Weg, mir die Schuld zu geben. Aber mit jedem Vorwurf, der von außen kam, wurde ich bockiger. Ich habe kein Problem damit, Fehler einzugestehen, aber bei grundlosen und falschen Anschuldigungen werde ich stur. Ich wollte alle Geschichten über uns hören, deshalb bat ich meine beste Freundin, mir alles zu sagen, was sie wußte. So schmerzhaft das auch war, ich wäre mir schäbig vorgekommen, hätte ich diese bösartigen Leute weiterhin gegrüßt oder meine Zeit mit ihnen verschwendet. Meine Freunde haben mich unterstützt und mir immer wieder gesagt, ich dürfe mir keine Vorwürfe machen.

Trotzdem hat mir die Enttäuschung über die anderen sehr zu schaffen gemacht. Einmal wurde mir regelrecht schlecht, als ich im Dorfaushang die Danksagungen zu den Trauerbekundungen las, die meine Schwiegereltern aufgegeben hatten. Sie erwähnten mich und die Kinder mit keinem Wort, als hätten wir durch seinen Tod alle Rechte verspielt, als wären wir gar nicht da oder aussätzig. Daraufhin wollte ich auch keinen Kontakt mehr zu ihnen. Sie haben sogar meine Blumen und Gestecke vom

Grab entfernt und weggeworfen und sich nie wieder um die Kinder gekümmert. Nicht einmal an Geburtstagen oder zu Weihnachten. Das tut mir unsagbar leid für die beiden. Zeitweise hatte ich gehofft, daß wenigstens ihr Kontakt zu den Großeltern bestehen bliebe, aber die Kinder wollten es schließlich selbst nicht mehr. Schwierig war es natürlich, ihnen all das zu erklären, all die Geschichten, die sie im Dorf hörten. Wenn sie mich fragten, habe ich, so gut ich konnte, geantwortet, habe ihnen erzählt von den psychischen Problemen, aber die Kinder wollten das auch nicht verstehen. Oder konnten nicht. Und ich wollte eigentlich auch nicht darüber reden. Es ist mir immer noch ein wenig unangenehm – vor allem vor ihnen. Ich kann generell nicht gut über Probleme sprechen, das habe ich nie gelernt. In meiner Kindheit wurde vieles nicht ausgesprochen, nach dem Motto, wenn alles in Ordnung scheint, dann ist es das auch. Dieses Prinzip kann natürlich nicht funktionieren. Es ist völlig naiv zu glauben, vor Kindern etwas verbergen zu können. Es war sicher ein Fehler, ihnen nicht gleich alles gesagt zu haben. In der Schule wurden sie darauf angesprochen und wußten daher sehr bald, wo und wie er sich umgebracht hatte.

All das passierte einfach. Und ich habe zunächst nur reagiert und mir bei meinem Alltag zugeschaut. Ich glaube, dieses Gefühl, sich selbst zu beobachten, kommt in Extremsituationen. Wenn nichts mehr geht. Man schafft eine Distanz zu sich selbst, um sein Leben in diesen Momenten aushalten zu können. Bei der Geburt meiner Kinder ging es mir genauso. Ich habe meinen Körper verlassen, während er irgendwie weiterfunktionierte, und mir von außen zugesehen, weil ich innen keine Kraft mehr hatte.

Ich bin nach seinem Tod wie gewohnt zur Arbeit

gegangen und habe alles wie immer gemacht. Beklemmungen bekam ich bloß in dem Zimmer meines Mannes. Nach seinem Tod habe ich es lange nicht betreten. Mein Sohn ging oft zum Weinen dorthin und hat eine Zeitlang darin geschlafen. Er hat ihn sehr vermißt. Die beiden sind sich sehr nah gewesen. Mein Sohn sieht seinem Vater auch sehr ähnlich. Nach einer Weile habe ich den Teppich rausgerissen, die Tapete erneuert, seine Kleider und alle anderen persönlichen Sachen weggeworfen – und bin selbst dort eingezogen. Ich wollte wieder Herrin über mein Haus werden, und dazu mußte ich die Schatten verjagen. Ich spürte, wie mir die Kontrolle entglitt, und wollte diesen Prozeß stoppen. Bis zu seinem Tod hatte ich schließlich das Sagen in meinem Leben, habe bestimmt, wo es für mich langging, und plötzlich passierte etwas, worauf ich keinen Einfluß mehr hatte. Mit seiner Tat hatte er zugleich mein Leben verändert, es mir aus der Hand gerissen und mich damit extrem verunsichert. Ich fühlte mich zum ersten Mal wirklich hilflos.

Das Alleinsein nach seinem Tod hat mich allerdings nie gestört. Ich kam gut zurecht und war auch mit ihm immer allein gewesen. Vielleicht habe ich ihn nicht mal vermißt. Irgendwie war ich froh, daß ich noch lebte. Postum bekam ich Angst vor ihm, weil ich dann wußte, wozu er imstande war. Seine Drohung erschien mir plötzlich so real, daß ich mich nicht mehr traute, mein Motorrad zu besteigen, aus Furcht, er könnte es irgendwie manipuliert haben. Ich ließ auch die Schlösser im Haus austauschen, weil sein Schlüssel nie gefunden wurde. Ich habe immer gleich gehandelt und versucht, über das Geschehene möglichst wenig nachzudenken. Ich wollte keine Zeit haben, keine Ruhe, also habe ich mich ständig beschäftigt, mit Arbeit oder Putzen oder sonst etwas. Ich wollte ihn und alles Negative verdrängen, selbst wenn das ungesund sein mag. Ein halbes Jahr nach seinem Tod bekam ich plötzlich furchtbares Herzrasen. Kein Arzt konnte eine organische Ursache finden, es muß also psychisch bedingt gewesen sein. Mir wurden eine Kur verordnet und Medikamente, Betablocker, die ich noch heute nehme. Ohne sie kann ich nicht mehr sein. Das Herzrasen hat seither nie mehr aufgehört. Durch die Tabletten kann ich es wenigstens kontrollieren.

Nur die Wut kann ich bis heute nicht steuern. Sie kam und kommt immer wieder hoch, vor allem wenn die Kinder mir Sorgen bereiten. Manchmal habe ich geschrien und getobt, wenn ich allein im Haus war. Weil er mir noch soviel mehr aufgehalst hat, als ich ohnehin bewältigen mußte. Weil er mich mit Problemen allein gelassen hat, für die er mit zuständig gewesen wäre. Meine Tochter fing plötzlich an, ihren Vater zu glorifizieren, stellte unser Hochzeitsbild in ihrem Zimmer auf, obwohl sie nie wirklich an ihm gehangen hatte. Mein Sohn äußerte sich abfällig über ihn und wurde nach seinem Tod auffällig in der Schule. Er blieb sitzen und kam nachts manchmal nicht nach Hause. Eine Zeitlang bin ich mit ihm zu einer Erziehungsberatungsstelle gegangen, bis er sich wieder fing. Aber ich war damals schon sehr verzweifelt und habe jemanden vermißt, der mich mal auffängt.

Es gibt keinen Trost in solchen Situationen, wohl aber Verständnis. Ich habe nur wenige Freunde, dafür sehr gute. Und die Beziehung zu ihnen ist durch mein Schicksal intensiver geworden. Sie konnten mich nicht auffangen, aber sie haben mir beigestanden, so gut es ging, haben sich selbst das hundertste Mal meine Geschichte und meine Sorgen angehört. Wenn ich mich einsam fühlte, konnte ich bei ihnen übernachten. Es reicht durchaus, zu wissen, daß man jederzeit vorbeikommen, anrufen und reden kann. Das hat mir geholfen, weil ich wußte, da sind noch Menschen, die dich mögen und aushalten. Es sind nur sehr wenige gewesen, aber immerhin.

Über eine Annonce in der Zeitschrift »Eltern« habe ich eine Mutter kennengelernt, die Kontakt zu Menschen suchte, die ebenfalls ihren Partner durch Suizid verloren haben. Wir haben uns sehr viel geschrieben, das fiel mir leichter als das Sprechen. Dieser Austausch über das gemeinsame Schicksal und unsere biographischen Parallelen hat mir geholfen – und hilft mir noch. Außerdem habe ich viel im Internet nachgelesen und mir Bücher über Suizid besorgt. Nur zum Therapeuten wollte ich nie gehen. Ich wollte so normal wie möglich weiterleben.

Einige Male ging ich in die Kirche. Dort, in dieser friedlichen Umgebung, hatte ich das Gefühl, nicht allein zu sein, und den Glauben, daß jemand auf mich und meine Kinder aufpaßt, auch wenn mein Vertrauen, meine Sicherheit erschüttert waren und bleiben.

Zweieinhalb Jahre nach seinem Tod habe ich im Internet jemanden gesucht, der wieder mit mir Motorrad fährt, und dabei meinen neuen Freund kennengelernt. Er wohnte in der Nähe meiner Brieffreundin, etwa 200 Kilometer von uns entfernt. Wir verabredeten uns. Eine Woche später war es um uns geschehen. Als er mich zum ersten Mal besuchte, wurden die Kinder eifersüchtig. Meine Tochter verteidigte den Platz ihres Vaters am Eßtisch und erwähnte ihn ständig. Sie fragte mich: »Wenn der Papa noch leben würde, wen hättest du dann lieber?« Mittlerweile hat diese Eifersucht nachgelassen, und wir reden relativ unverkrampft, nett und alltäglich über meinen Mann, wenn es sich ergibt.

Über zwei Jahre sind mein Freund und ich gependelt, bis ich mich entschieden habe, zu ihm zu ziehen und alles hinter mir zu lassen. Ich hätte schon früher gehen und mir nicht so viel zumuten sollen. Damit hätte ich mir eine Menge ersparen können, den Ärger mit meinen Schwiegereltern etwa, aber zuerst glaubte ich für die Kinder an diesem Ort bleiben zu müssen. Irgendwann ging es nicht mehr. Ich mußte ganz neu anfangen, mich von allem verabschieden, und ich wollte keine Wochenendbeziehung mehr. Wahrscheinlich dachte ich auch, wenn ich umziehe, ist mein Schicksal weiter weg. Das stimmte nicht, im Gegenteil. Ich kündigte, verkaufte das Haus, zahlte die Kinder aus erster Ehe aus und hatte dann plötzlich Zeit, weil ich einige Monate lang nicht arbeitete. Da erst kam ich zur Besinnung, und die Traurigkeit war schlimmer als all die Jahre zuvor.

Was mich betrifft, kann ich meinem Mann verzeihen. Bezüglich der Kinder werde ich ihm niemals vergeben, aber das spielt für mein Seelenheil auch keine Rolle. Mein Hauptgefühl war, ist und bleibt Wut. Er hat so viel Krieg hinterlassen, daß er sicher keinen Frieden finden konnte. Wahrscheinlich hat er nicht mehr realisiert, was er angerichtet hatte. Menschen, die sich umbringen, können das wohl gar nicht, sonst würden sie nicht gehen, da bin ich sicher. Auch wenn er krank war und nichts dafür konnte, die Wut auf ihn vergeht wohl nie mehr. Vielleicht bin ich deswegen seit seinem Tod soviel empfindlicher und sensibler geworden und reagiere häufig über. Dieses Gefühl der Boden- und Haltlosigkeit holt mich oft ein, Traurigkeit empfinde ich stärker. Manchmal tut mir die ganze Welt leid. Katastrophen wie der Tsunami in Asien werfen mich vollkommen aus der Bahn, ich sitze dann fassungslos vor dem Fernseher und kann gar nicht mehr wegsehen. Ich bin viel betroffener als früher, wenn anderen etwas zustößt. Ich kenne mittlerweile weitere Fälle von Männern, die sich das Leben genommen haben. Ein alter Freund von uns, der noch auf der Beerdigung meines

Mannes war, hat sich erhängt. Ich frage mich oft, ob es an meinem Alter liegt oder an meinem Schicksal, jedenfalls kannte ich früher niemanden, der durch Suizid gestorben ist.

Aber nicht nur meine Wahrnehmung, auch meine Maßstäbe haben sich verändert. Ich habe kein Verständnis mehr für Menschen, die sich über Kleinigkeiten aufregen. Und mir ist auch klargeworden, wie schnell das Leben vorbei sein kann. Das zu realisieren verändert die Prioritäten. Ich achte heute mehr auf mich, habe angefangen, Klavier zu spielen und mir generell mehr Gutes zu tun. Ich gönne mir nach einem anstrengenden Tag bewußt etwas, ein schönes Essen zum Beispiel. Seit seinem Tod habe ich 20 Kilo zugenommen. Das ist kein Panzer, sondern wirklich nur ein Zeichen von Genuß und Selbstverwöhnung.

Ich mache auch keine Kompromisse mehr, nicht im Job und nicht in meiner Partnerschaft. Meine neue Stelle habe ich nur unter der Voraussetzung angenommen, daß ich mindestens drei Wochen am Stück in den Sommerurlaub fahren kann. Ich möchte in meiner Beziehung leben, mit meinem Freund und nicht nebeneinander. Wir achten sehr auf uns, setzen uns abends, wenn jeder von der Arbeit gekommen ist, erst mal zusammen und reden. Es sind nur Kleinigkeiten, aber mit meinem Mann gab es eigentlich gar keinen Austausch mehr. Das Schweigen tötet alles.

Ich bin durchaus anders als früher. Manches ist gut, manches nicht, aber ich kann damit leben. Auch wenn mich die Erinnerung und das Bild von ihm, wie er mit der Waffe im Mund vor mir stand, quälen. Das bleibt für immer in mir. Ich habe keine Wahl. Aber ich widersetze mich, so gut ich kann. Als ich Oliver Hirschbiegels Film »Der Untergang« zum ersten Mal sah, ging es mir sehr schlecht. Es gibt dort eine Szene, in der sich einer von

Hitlers Schergen die Pistole in den Mund hält und erschießt. Die gleiche Situation, völlig unverhofft. Da kam alles wieder hoch. Ich war furchtbar erschrocken, habe mir allerdings den Film ein zweites Mal ausgeliehen, als ich allein war, um zu sehen, ob ich die Szene dann besser aushalte. Es ging nicht. Die Szene kam, und ich schaute weg. Dann habe ich mir den Film ein drittes Mal mit einer Freundin angeschaut – und wieder, wie automatisch, den entscheidenden Moment verweigert. Ich wollte hinschauen und konnte einfach nicht. Aber ich werde ihn mir wieder ansehen, so lange, bis ich dem Bild standhalte. Das habe ich mir geschworen.

Die ersten Monate und Jahre dachte ich ständig: »Wann hört das alles endlich auf?« Ich will, daß er verschwindet, auch aus meinen Träumen. Ich will wieder so sein wie früher. Mittlerweile stelle ich mir die Frage nicht mehr. Es wird nicht aufhören, er wird nicht verschwinden. Es vergeht kein Tag, an dem ich nicht an ihn denke und an das, was er uns angetan hat. Vielleicht habe ich mich auch immer noch nicht richtig von ihm verabschiedet. Ich begreife es einfach nicht. Ich konnte viel rausschreien, viel Wut und Enttäuschung, aber das letzte Bild von ihm werde ich nicht mehr los. Egal, wieviel du weinst und schreist und trauerst, nachdenkst oder nicht nachdenkst – etwas bleibt. Er gehört nicht mehr zu uns, aber die Erinnerung, der Schmerz, die Angst vor Verlust schon. Etwas bleibt zurück. Und du weißt, dieses Etwas geht nicht mehr. Egal, was du tust, wohin du gehst, egal, wie schlecht es anderen geht, was sie Schlimmes erleben, welchen Krieg sie auskämpfen. Was mir passiert ist, war schlimm. Es ist jetzt nicht mehr so schlimm, aber es ist ein Teil von mir geworden. Für den Rest meines Lebens.

»Ich ging nach ihrem Tod erst recht ins Leben«

Ana Boden, 32, lebt mit ihrem Freund und ihrer kleinen Tochter in Berlin und arbeitet freiberuflich. Sie stammt aus einer südamerikanischen Familie und wuchs in Deutschland auf. Vor knapp zwei Jahren nahm sich eine ihrer beiden jüngeren Schwestern das Leben, als Ana im fünften Monat schwanger war.

In unserem Viertel wohnt eine etwa 50jährige Frau, die oft mit ihrem Husky durch die Straßen spaziert. Sie ist groß, schlank und adrett, trägt weiße Kleider und im Haar ein buntes Tuch. Sie läuft immer allein, ihre Haltung aufrecht, ihr Blick geradeaus. Sie sieht aus, als lebe sie in einer anderen Welt, als wandle sie durch unsere Stadt wie ein Geist. Ihr Blick ist erloschen. Ich kriege jedesmal eine Gänsehaut, wenn ich sie sehe, und denke, daß meine Schwester vielleicht auch so geisterhaft durch die Straßen gelaufen wäre mit 50. Vielleicht wäre sie aber auch eine glückliche Frau geworden mit zwei Kindern, einem Beruf, der sie erfüllt, und einem Mann, so wie sie es sich manchmal für die Zukunft gewünscht hatte. Ich weiß es nicht und werde es nie wissen, denn meine Schwester Sara setzte ihrem Leben ein Ende, als sie 27 Jahre alt war. Die letzte Zeit vor ihrem Tod lief sie oft durch Berlin wie diese Frau.

Ich war im fünften Monat schwanger und im Urlaub, als meine jüngste Schwester mich nachts anrief. Ich wußte sofort, daß das nichts Gutes zu bedeuten hatte. »Was ist passiert?« fragte ich. Sie sagte: »Das Schlimmste.« Ich fragte: »Lebt sie noch?« Die Antwort war nein.

Ich muß einen furchtbaren Schrei ausgestoßen und das Telefon weggeworfen haben. Ich fühlte mich wie in einem großen bleiernen Sarg, der in eine bodenlose schwarze Tiefe stürzt. Als nächstes sehe mich auf dem Bett sitzen, starr, ohne Tränen, mein Geist nur von einem Wunsch beherrscht: um mich und das Baby ein großes Netz zu weben. Mein Freund stand an meiner Seite, entsetzt, aber stark.

Diesen Moment werde ich nie vergessen, leider.

Das Schlimmste war schon passiert, jetzt mußte wenigstens alles andere halbwegs undramatisch weitergehen. Deshalb bin ich nicht überstürzt zurückgereist. Ich wußte, daß meine Schwester Unterstützung hatte, deshalb habe ich mir erlaubt, mich und mein Baby zu schonen. Ich habe mich zurückgehalten, bei der Organisation, bei allem anderen, was sonst nicht meine Art ist, und wußte, daß bei aller Trauer, bei all den Tränen und der Ohnmacht, die ich gegenüber dem Schicksal meiner Schwester empfand, meine erste Priorität sein mußte, mein Kind und mich zu schützen. Ich stand mitten im Sturm und wußte: Ich muß stehenbleiben.

Wir verbrachten noch einige ruhige Tage in unserem Ferienort in einer wunderschönen Landschaft, die ich aber nur noch durch verschleierte Augen wahrnahm. Mein Freund fragte mich, ob wir uns verloben wollen. Ich sagte ja. Auf dem Foto sehe ich glücklich aus wie selten. Man sieht mir nicht an, daß ich gerade meine Schwester verloren hatte. Es gab einen mächtigen, kraftvollen Gegenpol zu dem abgrundtiefen Leid, der mich und uns auch in den schwersten Tagen verbunden und getragen hat. Die Liebe, die Schwangerschaft – das größte Glück in meinem Leben. Und gleichzeitig war das größte Unglück geschehen, das ich kannte. Noch heute frage ich mich, wie es sein kann: Leben und Tod so nah beieinander und ich mittendrin. Während der Schwangerschaft kam mir alles natürlicher vor als jetzt: Ich war ja Teil des Großen, ich trug in mir das werdende Leben. Ein neues Leben kam, das zu spüren war für mich ein großes Wunder, also fiel es mir leichter zu akzeptieren, daß ein anderes Leben ging.

Was nach unserem Urlaub kam, war furchtbar: Meine Eltern, die seit kurzem wieder in Südamerika lebten, reisten an, waren fassungslos. Meine Mutter weinte unaufhörlich, mein Vater versuchte auf rationale Weise nachzuvollziehen, was niemand von uns verstehen konnte, indem er alle verzweifelt nach den Umständen ihres Todes befragte. Dann die Trauerfeier, zu der so viele Freunde von Sara kamen und unsere Verwandtschaft. Es hat mir Kraft gegeben, daß sie alle da waren, zu sehen, daß Sara so einen wunderbaren Freundeskreis hatte. Gleichzeitig machte es mich unendlich traurig, daß sie das und uns nicht mehr so sehen konnte, in dem letzten halben Jahr ihres Lebens.

Alle redeten im Vorbereitungsgespräch auf den Gottesdienst und auch später darüber, was für eine besonders intelligente, hübsche, altruistische, kreative Person Sara gewesen sei. Wenn sie so über sie redeten, klang es, als sei sie zu gut für diese Welt gewesen, wie ein Engel. Da war nichts Menschliches, nichts Fehlbares mehr. Das hat mich fast wahnsinnig gemacht, einerseits sicher auch aus Neid, aber vor allem weil ich dachte, genau dieses Bild von ihr hat sie ins Grab gebracht: daß immer alles geklappt hat, daß sie so gut war, so einen hohen Leistungsanspruch an sich hatte und daß sie es nicht aushalten konnte, diesen nicht zu erfüllen. Und dennoch: Während der Trauerfeier und der Wochen danach sah ich sie immer wieder lächelnd auf uns hinabsehen. Ich hatte das Gefühl, sie habe ihren Frieden gefunden.

Im letzten halben Jahr ihres Lebens ging es Sara sehr schlecht. Sie litt unter Schlafstörungen, Ängsten und Depressionen. So hätte sie es nicht gesagt und wir damals auch nicht. Wir glaubten, sie habe eine Krise, im Beruf und auch in der Liebe. Meine jüngste Schwester und ich versuchten ihr beizustehen. Gemeinsam mit ihrer besten Freundin haben wir getan, was wir konnten, waren für sie da, so gut es ging. Wir hatten eine Art Begleitsystem aufgestellt, damit sie nicht allein war, wenn sie jemanden brauchte. Wir spürten wohl, daß etwas passieren könnte, auch wenn es niemand von uns tatsächlich geglaubt hat. Da unsere Eltern wieder in Südamerika lebten, fühlte ich mich als große Schwester verantwortlich für das Wohl meiner jüngeren Schwestern. Am Anfang kam ich noch gut damit zurecht, sie so schwach zu erleben. Ich verstand, daß sie die erste wirklich große Krise ihres Lebens hatte, und ich riet ihr das, was ich in Krisensituationen getan habe und an ihrer Stelle getan hätte: Hilfe zu suchen.

Ich beschrieb ihr, wie eine Therapie ihr helfen könne, aber sie sträubte sich. Als sie schon seit zwei Monaten ohne Schlaf lebte und immer dünner wurde, brachte ich Sara doch zum Arzt. Sie bekam Schlaftabletten und eine Therapie verschrieben. Sie nahm die Tabletten mit nach Hause, aber nie ein. Zur Therapeutin ging sie nach einiger Zeit. Die machte mit ihr ein Coaching – zu ihrer beruflichen Situation. Alle Ängste und tiefer liegenden Probleme blieben unberücksichtigt. Ich war wütend auf die Therapeutin, hielt sie für inkompetent, sagte meiner Schwester, sie müsse sich eine neue suchen. Im nachhinein glaube ich, sie hat sie gar nicht an sich rangelassen. »Wenn die die Wahrheit erfährt, dann kriegt sie doch sowieso Angst und kann es nicht aushalten«, sagte sie. Was für meine Schwester »die Wahrheit« war, hat niemand von uns herausgefunden.

Sie litt unter ihrer beruflichen Situation. Trotz ihres erstklassigen Abschlusses hatte meine Schwester es schwer, Arbeit zu finden. Hier was auf Honorarbasis, dort ein Projekt. Es geht vielen so in Berlin. Dann winkte im April das Glück: Eine Redaktionsstelle bei einem Radiosender wurde ihr angeboten. Zwei Wochen Probezeit. Nach einer Woche konnte sie nicht mehr schlafen, fühlte sich überfordert von dem jungen Sender mit dem unkonventionellen Programm, vom Anspruch, lustiges, flippiges Radio zu machen. Wir sagten, laß es sein, such dir etwas anderes, das ist nichts für dich, du bist eine seriöse Journalistin. Für sie aber war es das Urteil, daß sie keine gute Journalistin, daß ihr Studium umsonst sei, daß sie nichts könne, vielleicht auch, daß ihr Leben umsonst sei. Wie schwer das Berufliche sie belastete, habe ich damals nicht erkannt. Für mich ist mein Berufsleben zwar ein wichtiger Baustein, aber nie so wichtig wie mein Privatleben. Ich dachte, das sei für sie ähnlich, dachte, sie würde es vorschieben, um etwas anderes zu überdecken. Heute weiß ich aus ihren spärlichen Aufzeichnungen, daß es furchtbar für sie war, erfolglos zu sein, nachdem sie lange Zeit sehr erfolgreich war.

Meine Schwester hatte ihre Ausbildung als Journalistin im Jahr zuvor beendet. Sie war intelligent, scharfsinnig, sehr gut in allem, was sie tat – Uni, Praktika, Artikel für verschiedene Zeitungen, Arbeitsaufenthalte im Ausland. Ihre Magisterarbeit glich mehr einer Doktorarbeit und bekam nicht nur die beste Note, sondern auch noch eine Auszeichnung durch ihre Uni. Ihr wurde außerdem eine Promotionsstelle im Ausland in Aussicht gestellt.

Einen Tag vor dem Bewerbungsgespräch für die Doktorandenstelle stand sie auf einem Hochhaus und wollte springen. Meine jüngste Schwester und ich machten zum gleichen Zeitpunkt einen Ausflug auf eine 80 Meter hohe

Funktionsbrücke. Als wir hinunterstiegen, nahm auch sie wieder die Treppen abwärts. Sie hatte ihre Freundin angerufen, der es gelang, sie vom Hochhaus herunterzureden. Am nächsten Tag brachten wir sie in ein Krankenhaus. Sie ließ es mit sich geschehen, aber richtig da war sie zu diesem Zeitpunkt schon nicht mehr.

Sie blieb zehn Tage im Krankenhaus, wurde auf eigenen Wunsch entlassen und sagte uns, sie müsse ihr Leben ordnen. Sie sagte auch, daß die Therapeuten ihr gegenüber geäußert hätten, daß sie wohl sehr von ihren Schwestern beeinflußt sei. Wir hielten uns daraufhin zurück. Wir rieten ihr immer wieder, doch das Angebot unserer Eltern anzunehmen und sich im ruhigen Südamerika bei ihnen verwöhnen zu lassen. Waren wir zu aggressiv dabei, zu bestimmend? Ich weiß es nicht. Wir waren am Ende unserer Kraft, wollten, daß sich jemand anders weiter um sie kümmert. Wollten, daß es ihr endlich wieder gut geht, und wußten um das andere Lebensgefühl in Südamerika. Aber diese Pläne haben sie überanstrengt. Sie war überfordert von der Vorstellung, dort nichts tun zu müssen, sich fallenzulassen. Sie fühlte sich verpflichtet zu arbeiten und war in ihrem Leistungswahn gefangen. Meine andere Schwester hat sich für sie um den Flug gekümmert. Am Tag, an dem das Ticket bestellt werden sollte, starb sie.

Morgens telefonierte Sara noch mit unseren Eltern, ihrer Freundin, ihrem Exfreund und mit unserer kleinen Schwester. Alle sagten, sie habe furchtbar geweint. Ich war seit zwei Tagen im Urlaub. Mein Freund und ich wollten vor der Geburt des Babys noch ein letztes Mal »zu zweit« verreisen. Auch ich telefonierte vor unserer Abreise zwei Stunden lang mit Sara, sie weinte fast die ganze Zeit. Sie muß gewußt haben, daß wir uns nicht mehr sehen würden. Ich rief sie ein weiteres Mal vom

Flughafen an. Ihre letzten Worte an mich lauteten: »Ana, mach dir keine Sorgen.« Ich machte mir Sorgen, fuhr aber trotzdem. Die Zeit zuvor war sehr anstrengend gewesen. Sie wollte sich nun mehr um sich selbst kümmern und von ihren Schwestern »unabhängig werden«, und ich hatte das Gefühl, daß ich nicht nur aus Sorge um sie nicht fahren und mein Leben noch mehr nach ihr ausrichten dürfe. Sie nutzte den Moment, als ihre beiden Schwestern nicht in der Stadt waren, um ihr Leben zu beenden. Sie hat es uns damit erspart, sie zu finden. Das wurde die Aufgabe ihrer Freundin, ihres Exfreundes und des Freundes meiner kleinsten Schwester. Zum Glück waren sie zu dritt. Es muß der größte Schock überhaupt gewesen sein.

Ihre Freundin hatte mit ihr verabredet, daß sie nachmittags telefonieren und sich abends sehen würden. Als sie Sara am frühen Nachmittag anrief, nahm niemand ab. Zu dem Zeitpunkt hing sie schon leblos in der Wohnung. Ihre Freundin alarmierte die beiden Männer, nachdem sie sie nicht erreicht hatte, einer von ihnen hatte den Schlüssel. Ich weiß bis heute nicht, wie die drei dieses Erlebnis verarbeiten konnten. Für mich wäre es zuviel gewesen.

Neben dem Schock und der Trauer, neben so vielen diffusen Gefühlen, stellte sich uns immer wieder die Frage: Wieso macht sie Schluß, und das nach einer, aus unserer Sicht, so kurzen Zeit der Krise?

Wie haben wir versucht, uns das zu erklären. Und sind darüber in schlimmen Streit geraten. Meine Eltern erklärten es sich medizinisch, ihr fehle ein Enzym, das sei für die Depression verantwortlich. Die Lösung wären Psychopharmaka gewesen. Einige Freunde, Verwandte und Bekannte gaben – bewußt oder unbewußt – den Eltern die Schuld oder dachten womöglich: In dieser Familie stimmt etwas nicht. Jedenfalls kam es mir manchmal so vor. Oder sie fanden ihre Begründung in der enttäuschten Liebe, denn Sara und ihr Freund hatten sich kurz zuvor nach sieben Jahren Beziehung getrennt.

Ich selbst glaubte das Ganze entwicklungspsychologisch erklären zu können. Und hatte gleichzeitig eine große Wut auf Sara. Denn keines der auslösenden Momente und keinen der, wenn auch teilweise schwierigen, Entwicklungsschritte fand ich schlimm genug, um sich deswegen das Leben zu nehmen. Und war unsagbar wütend auf sie, auch darüber, daß sie sich genau in dem Moment umbringt, in dem sie Tante hätte werden können, daß sie mir das antat. Wütend darüber, daß in ihrem Leben immer alles so glatt lief, daß sie überhaupt nicht krisenerprobt war und sich dann mit 27 von der ersten echten Krise umhauen ließ. Mein Leben zwischen 15 und 21 war auch schwierig, ich habe mich aufgelehnt gegen mein heiles Elternhaus, viel diskutiert und gestritten, ausprobiert, wie ich leben will, und schließlich meinen eigenen Lebensstil in Berlin gefunden. Diese Auseinandersetzung mit den dunklen Seiten des Lebens, diese Orientierungslosigkeit kam bei ihr wohl erst viel später, aber ich war dennoch froh darüber. Ich dachte, endlich passiert etwas. Ich war überzeugt, daraus könnte etwas Starkes wachsen. Ich sah die Krise als Chance. Deshalb war ich so wütend, daß sie es nicht geschafft hat, die konstruktive Kraft zu sehen, etwas an ihrem Leben zu ändern, neue Wege zu gehen, daß sie einfach kapituliert und uns verlassen hat. Ich fand sie so schwach und konnte das nicht aushalten. Das war schon früher ein Thema zwischen uns gewesen, bei dem auch der Neid der älteren Schwester durchkam. Ich hatte das Gefühl, ich müßte um alles kämpfen, während ihr alles immer sehr leicht gelang. Ich suchte mir Herausforderungen, sie wählte meiner Meinung nach vorbereitete Wege. Damit tat ich ihr sicher unrecht, da sie vor allem auch im Beruflichen sehr unbequeme Wege beschritt und eine sehr kritische Journalistin war. Zwischen Schwestern vergleicht man aber, vor allem, wenn man sich so gleicht, wie wir drei es taten. Unsere Kindheitsbilder, drei Mädchen nebeneinander. Wir hatten eine so tiefe Verbindung, wir haben uns so oft im Leben beigestanden. Wir brauchten auch nicht viele andere Kinder. Wir hatten ja uns. Gingen zu dritt durchs Leben, zu dritt als Gegengewicht zu unseren Eltern. Wir waren uns sehr ähnlich, manche hielten uns für Drillinge, aber doch hat jede ihr Ding gemacht. Und sie ihrs, bis zum Ende.

Wenn ich heute meine andere Schwester sehe, dann spüre ich, wie sehr Sara fehlt. Wir beide müssen nun eine neue Beziehung zueinander aufbauen, weil die aus unserer Mitte nicht mehr da ist. Dieses neue Schwesterngefüge zu zweit ist noch sehr zart, wir fühlen uns unvollständig. Dennoch konnten wir uns seit Saras Tod sehr gut beistehen, und ich bin jedesmal, wenn ich sie sehe, sehr glücklich, noch eine Schwester zu haben. Wir können annähernd verstehen, wie es der anderen geht.

Meine Erklärung ist diese: Sara wurde geboren und meiner Mutter gleich nach der Geburt weggenommen, obwohl alles mit ihr in Ordnung war. So ging es einigen Müttern in den Siebzigern. Sie war dann als Kleinkind ein weiteres Mal von meiner Mutter getrennt, weil sie Nierenprobleme hatte und operiert werden mußte. Ich erinnere mich an lange Stunden im Auto mit meiner Mutter auf den Weg zum und vom Krankenhaus. Es war furchtbar damals, für beide: Die Mütter durften ihre Kinder gerade mal eine Stunde am Tag besuchen. Für mich fängt Saras Problem mit diesen frühen und langen Trennungen von meiner Mutter an, durch die sich ihr Urvertrauen nicht gut entwickeln konnte. Dieses Vertrauen in sich und andere, in das Leben und die Zukunft, das hätte sie vielleicht durch die Krise getragen. Sie konnte auf nichts zurückfallen, sie fühlte sich leer, das sagte sie immer wieder gegen Ende: »In mir ist nichts.«

Sie stotterte als Kindergartenkind, wir gingen zur Familientherapie. Nach einigen Jahren wurde es besser, sie lernte eine Freundin kennen, ihre beste Kindheits- und Jugendfreundin, und fühlte sich ab dem Zeitpunkt wohl, im Kindergarten, in der Schule und in Gesellschaft. Sie hat als Erwachsene nicht mehr gestottert, sondern sich sehr gewählt ausgedrückt. Ich fand es immer äußerst beachtlich, daß gerade jemand, der in seiner Kindheit gestottert hat, zum Radio geht und einwandfreie Beiträge spricht. Im letzten halben Jahr fing das Stottern wieder an, plötzlich. Sie sprach Spanisch, Portugiesisch, Französisch und Englisch. Sie hatte ein Radioprojekt in Frankreich, wir wissen immer noch nicht, was da passierte, jedenfalls kam sie zurück und stotterte, wenn sie französisch oder spanisch redete. Vielleicht ist da bei ihr etwas umgekippt: Vielleicht fühlte sie sich wieder wie das kleine Kind, das nicht richtig reden kann. Sie sagte gegen Ende: »Wäre ich doch bloß in unserem Heimatdorf geblieben, statt in die Stadt zu ziehen. Das war zuviel für mich. Dieser Mensch, den ich hier erfunden habe, der bin gar nicht ich.« Vor der Depression hatte sie hingegen immer wieder gesagt, daß die Berliner Jahre die glücklichsten ihres Lebens waren.

Vielleicht stimmt es aber auch nicht, daß ihr alles so leicht fiel, wie wir Außenstehenden immer dachten. Vielleicht hat sie sehr hart gekämpft, gegen die Schüchternheit, gegen das Stottern, bis hin zur Umkehrung des Stotterns im Radio. Und der erste »richtige« Job beim Hörfunk macht dann plötzlich alles zunichte, weil sie ihrer Meinung nach dafür nicht kompetent war. War es so?

Ich glaube inzwischen, daß sehr viel zusammenkam. Diese Erklärungen aus der Kindheit mögen eine Unsicherheit geprägt haben. Dazu kam ihre Identifikation mit dem Beruf, den sie dann nicht so ausüben konnte, wie sie es sich gewünscht hat. Dann die Trennung von ihrem geliebten Freund, über die sie nie trauern konnte. Fast mechanisch erzählte sie davon, während unseres letzten Schwestern-Wochenendes im Januar des Jahres, das sie nicht bis zu seinem Ende erleben sollte. Wir fanden es unheimlich, es war, als spreche eine andere Person, eine Person auf Autopilot. Statt durchweinter Nächte und eventueller Rückgewinnungsversuche, statt großer Tränen über eine große Liebe gab es nur ein stumpfes Sich-damit-Abfinden. Ich dachte immer, daß sie sich erst einmal schützt, daß die Trauer noch kommen würde. Aber vielleicht hat sie sie statt dessen in sich hineingefressen. Der Freund näherte sich ihr in den kommenden Monaten wieder an. Sie sahen sich. Aber auch er kam nicht an sie heran. Sie sagte nur: »Ich bin es nicht wert, geliebt zu werden.«

Dazu kam wohl auch, daß unsere Eltern entschieden hatten, in ihre Heimat nach Südamerika zurückzuziehen. Es war schwer für uns drei, aber wir waren erwachsen und hatten unser eigenes Leben.

Die drei Säulen, von denen sie das Gefühl gehabt haben mag, daß sie plötzlich wegfallen – Freund, Eltern, Beruf, vielleicht war es das.

Inzwischen, nach bald zwei Jahren, glaube ich, daß die Erklärung auch viel schlichter sein kann: Sie konnte irgendwann nicht mehr. Ihre Energiereserven gingen zu Ende, es war nichts mehr da, was sie nähren konnte. Wir alle haben von Geburt an unterschiedliche Mengen an Lebensenergie, und ihre war zu diesem Zeitpunkt sehr schwach. Sie konnte die Kraft und den Willen nicht aufbringen, sich wieder zu stärken.

Hier hilft kein Vergleich zwischen Schwestern. Auch wenn wir ähnlich sozialisiert wurden, auch wenn wir die gleichen Eltern haben. Hier hilft auch keine Anmaßung zu sagen, dies oder jenes oder der oder die hätte sie retten können. Genauso waren aber die Gedanken, die mich das ganze erste Jahr nach ihrem Tod begleiteten, die selbstzermarternden Gedanken: Hätten wir sie doch in ein anderes Krankenhaus gebracht, wo man sie auf eine geschlossene Station gebracht hätte, statt in dieses Kriseninterventionszentrum! Hätten die Psychotherapeuten und Ärzte doch die Situation ernster eingeschätzt und nicht so oberflächlich mit ihr gearbeitet, sondern die tiefsitzenden Ängste und die akute Suizidgefahr erkannt! Lange Zeit habe ich ihnen die Schuld gegeben. Dennoch habe ich es nicht geschafft, dorthin zu fahren und mit ihnen zu reden. Während der Schwangerschaft wäre es zu aufreibend für mich gewesen, danach stand meine Tochter im Mittelpunkt, und dann war es irgendwie vorbei, und ich fühlte schon anders.

Natürlich machte ich auch meinen Eltern Vorwürfe: Warum seid ihr nicht gekommen? Der Vorwurf hat mich von meinem Vater ein halbes Jahr lang entzweit, auch da er gleichzeitig gegen mich den Vorwurf hegte: Warum hast du dich nicht um deine kleine Schwester gekümmert? Inzwischen hat er eingesehen, daß ich damit überfordert war, zumal während der Schwangerschaft. Er hat sich entschuldigt. Und ich habe eingesehen, daß sie sich vermutlich von niemandem hätte helfen lassen. Sie hat sich ab einem bestimmten Zeitpunkt einfach in sich eingeschlossen und niemanden an sich herangelassen. Verstanden habe ich auch, daß meine Eltern aus der Ferne die Situation noch weniger einschätzen konnten als wir aus der Nähe. Irgendwie waren wir alle blind und haben trotz aller Schwierigkeiten an das Gute geglaubt.

Dahin zu kommen, die Situation und ihr Schicksal so zu akzeptieren, zu sehen, daß wir alles gegeben hatten, was wir konnten, das war und ist ein langer Weg. Es ist jetzt fast zwei Jahre her, und ich bin immer noch auf dem Weg. Immer noch bäumt sich mein Widerwille in mir auf, immer noch habe ich zeitweise diese »Hätten wir doch, wäre doch bloß«-Sätze im Kopf, wenn ich sie vermisse. Was wäre aber, wenn sie in der geschlossenen Anstalt Psychopharmaka bekommen hätte? Vielleicht wäre sie kuriert worden und heute ein zufriedener Mensch, mit oder ohne Drogen. Vielleicht wäre sie aber auch so geworden wie die schöne Frau im weißen Kleid mit ihrem Husky. Oder vielleicht noch ganz etwas anderes. Inzwischen glaube ich, daß, wenn jemand auf dem Weg in den Tod ist, man ihn fast nicht aufhalten kann. Nur wenn derjenige sich selbst öffnet und Hilfe annimmt, dann ist Heilung möglich.

Das Schicksal eines Schulfreundes bestätigte das. Er nahm sich ein halbes Jahr nach meiner Schwester das Leben. Er hatte mich einige Wochen vorher noch angerufen, es war kurz nach der Geburt meiner Tochter. Beiläufig gratulierte er mir und fragte, ob es mir gut ginge. Worum es ihm wirklich ging, war jedoch, zu erfahren, wie meine Schwester sich umgebracht hat. Ich war zu perplex, um nicht darauf zu antworten, und sagte es ihm. Kurz danach legten wir auf, ich versuchte später mehrmals, ihn zu erreichen, erfolglos. Er war seit seinem 20. Lebensjahr immer wieder in psychiatrischen Einrichtungen gewesen. Er war kein einfacher Mensch. In der Schule hat uns viel verbunden, aber später war es oft anstrengend mit ihm, wir waren die letzten Jahre selten, aber regelmäßig in Kontakt gewesen. Er hatte seine letzten zwei Jahre fast nur in der Psychiatrie verbracht, vollgestopft mit Psychopharmaka. Obwohl er betreut wurde, schaffte er es, sich in der Psychiatrie zu erhängen.

Mich schockierte die Nachricht sehr, ich packte meine Tochter und fuhr mit ihr wie wild um die Kirche in unserer Nachbarschaft, immer im Kreis unter den schönen Frühlingsbäumen durch. In der halben Stunde, in der ich meine Runden drehte, begegnete ich nacheinander drei Freundinnen mit ihren Babys. Ich war verstört, erzählte, was passiert war, und war danach noch mehr überzeugt davon, daß mir deutlich vor Augen geführt wurde, wo das Leben und wo mein Platz darin ist: hier bei den Kindern.

Meine Schwester hat Abschiedsbriefe hinterlassen. Einen für ihre Schwestern, einen für ihren Exfreund, einen für ihre Freundin und einen für unsere Eltern. Sie schrieb, wie leid es ihr tue, daß es nichts mit uns zu tun habe. Sie sprach von Selbstzweifeln und Versagen. Wir haben es nicht verstanden, dieses Selbstbild.

Beim Ausräumen der Wohnung fanden wir noch weitere Abschiedsbriefe, datiert drei Monate früher. Die haben mich noch mehr mitgenommen. Wie hat sie es geschafft, noch drei Monate zu leben? Wie muß sie gekämpft, um ihr Leben gerungen haben. Aber die Sehnsucht nach dem Tod war stärker. Diese Briefe waren ausführlicher. Es tat mir sehr weh, sie zu lesen, weil ein so verzweifelter Mensch aus ihnen sprach. Die Briefe erklären mir auch im nachhinein ihre Reaktion auf meine Schwangerschaft. Es war Sommer, ich erzählte ihr sehr aufgeregt von der großen Nachricht. Sie fing haltlos an zu weinen und sagte: »Wenn das Baby kommt, dann bin ich schon nicht mehr da.« Damals dachte ich, sie spinnt, und antwortete: »Hör auf, damit spaßt man nicht.« Ich wollte es einfach nicht hören. Heute denke ich, sie war einfach überfordert von einem neuen Leben, konnte es nicht sehen, sie war dem Tod schon so viel näher, als wir es hätten ahnen können. Auch als sie einmal erwähnte, daß sie sich etwas angetan hätte, wenn wir uns an einem bestimmten Wochenende nicht um sie gekümmert hätten, nahmen wir das nicht ernst. Sie redete ohnehin die ganze Zeit merkwürdiges Zeug, machte eine Persönlichkeitsveränderung durch. Fühlte sich verantwortlich, gegenüber dem Staat, der ihr Studium mitfinanziert hat, gegenüber der Krankenkasse, die ihr zwei Wochen Krankschreibung bezahlte. Sie hatte einen zwanghaften Drang zu erfüllen, was angeblich von ihr verlangt wurde. Sie sagte, sie habe im Internet recherchiert, wie man sich mit einem Fön umbringt. Aber noch nicht einmal dazu sei sie in der Lage, meinte sie. Es gibt diesen Glauben, daß diejenigen, die davon reden, sich nicht umbringen. Ich weiß inzwischen, daß er falsch ist.

Dennoch gab ich ihr das Buch »Veronika beschließt zu sterben« von Paulo Coelho. Für mich ein hoffnungsvolles Buch. Ich dachte, das spricht ihr Thema an und würde ihr helfen, aus ihren Problemen herauszufinden. Sie las es und sagte lakonisch, sie fände es ganz gut.

Wenn es mir gut geht, gelingt mir annähernd, was mir meine Homöopathin einen Tag nach ihrem Tod riet: »Verneige dich vor dem Schicksal deiner Schwester.« Das klingt nach einer Phrase, aber es war mit das Hilfreichste, das überhaupt jemand zu mir gesagt hat. Zu akzeptieren, daß es ihr Weg war. Daß es für sie keinen anderen gab. Zu verinnerlichen, daß ich nicht ihre Mutter bin, sondern ihre Schwester. Daß Lebenswege von Schwestern nebeneinander herlaufen, auch wenn sie sich berühren. Daß ich als große Schwester die Verantwortung für die Kleinen ein Stück weit trage, solange wir klein sind, aber mit zunehmendem Alter ihnen diese auch zurückgeben muß. Daß es ihre Entscheidung war, keine Hilfe anzunehmen und in den Tod zu gehen. Daß es sogar anmaßend wäre, zu glauben, ich oder jemand anderes trüge dafür Verantwortung. Das hat mit einer gewissen Demut vor dem Leben zu tun. Einzusehen, daß wir als Menschen viel Einfluß auf andere Menschen und Dinge haben können. Daß es aber auch Grenzen gibt und daß so existentielle Dinge wie die Entscheidung über Leben oder Tod einer höheren Macht unterstehen. Gott, dem Schicksal, dem individuellen Lebensweg, wie immer man es nennen mag. Als ich das verstanden hatte, hörten auch die Selbstvorwürfe und Schuldzuweisungen auf.

Auch wenn Sara von einer Krankheit geprägt war, glaube ich heute, daß es ihre Entscheidung war. Krankheiten kommen nicht aus dem Nichts, sondern sind Ausdruck eines Ungleichgewichts der Seele. Es gibt einen Auslöser, aber die Basis trägt man in sich. Unheimlich daran war der Sog, der sie in eine Tiefe gezogen hat, wo sie keine andere Lösung sehen konnte als den Tod.

Meine Erinnerung an sie, wie sie vor der Depression war, war lange verschüttet. Nach ihrem Tod erschien sie mir immer nur als meine verstörte Schwester. Wie die Frau mit den leeren Augen und dem Husky. Mein Gefühl für sie war ebenfalls lange Zeit tot. Ich stand unter Schock, der Schmerz war zu groß. Ich war auch so sehr mit meinem Leben und mit meiner Schwangerschaft beschäftigt, daß ich vom Tod nichts wissen wollte. Genauso wie ich sie nicht im Leichenschauhaus ansehen konnte, bevor sie verbrannt wurde. Ich trug das Leben in mir, ich wollte den Tod nicht sehen. Von Klimt gibt es ein Bild, »Das Leben und der Tod«, das paßt zu unserer Situation. Das Leben in voller Blüte mit Baby und bunten Farben, der Tod schaut lila-grau herüber, dazwischen ist eine Trennlinie. Es gibt nur das eine oder das andere. Meine Schwester war in den Tod gegangen, und ich ging danach erst recht ins Leben.

Ich habe meine Tochter problemlos zur Welt gebracht und war glücklich, sie in den Armen zu halten. Sie wurde allerdings nach wenigen Tagen ein sogenanntes »Schreibaby«, was bedeutete, daß sie jeden Abend mehrere Stunden ununterbrochen hysterisch schrie, sich verschluckte, rot anlief, sich nicht mehr beruhigen konnte. Nach drei Wochen suchten wir Hilfe in einer Schreibaby-Ambulanz. Erstaunt waren wir, als wir statt praktischen Hilfsanleitungen erst einmal nach meiner Schwangerschaft befragt wurden. Nachdem die Therapeutin gehört hatte, was passiert war, sagte sie, es komme sehr häufig vor, daß Babys, die in der Schwangerschaft einen großen Schock durch die Mutter durchlebt haben, auf diese Weise schreien. Es sei sogar gut, so würden sie den Schock los. Also verbrachten wir die Abende ihrer ersten vier Lebensmonate damit, uns und die Kleine zu beruhigen, und fanden regelmäßig Unterstützung und einen Platz zum Reden und auch Weinen in der Schreibaby-Ambulanz. Ich war so mit der Gegenwart beschäftigt, daß ich nicht viel Zeit zum Trauern hatte. Mein Freund und ich waren in dieser Zeit sehr wütend auf meine Schwester, daß sie auch das noch angerichtet hatte.

Erst im Herbst, also ein Jahr nach Saras Tod, fand ich die Zeit und die Ruhe, selbst eine Therapie für mich und meine Trauer zu machen. Ich war davor schon sehr gut begleitet: durch eine Homöopathin, durch die Familientherapeutin in der Ambulanz und durch eine weitere Therapeutin, die mich schon während der Schwangerschaft begleitet hatte. Bei ihr fand ich nun auch den Ort, den ich am dringendsten brauchte, um über meine Schwester sprechen zu können. Sie arbeitete gestalttherapeutisch und machte sogenannte Körperenergiearbeit, was mir sehr half. Die freien Momente im ersten Jahr nach dem Unglück verbrachte ich also hauptsächlich in den

Händen und Räumen dieser drei Therapeutinnen. In der übrigen Zeit war ich erfüllt von der Mutterschaft, die mir viel Freude, Licht und neue Hoffnung gab.

Zusätzlich wurde ich von meinem Mann gestützt, der in allen Situationen an meiner Seite stand. Es ist einmalig, was er geleistet hat. Ich spürte aber auch irgendwann, daß es eine Grenze gab und ich ihn nicht überfordern durfte. Meine jüngste Schwester und ich konnten uns gegenseitig beistehen, konnten uns aushalten, wenn auch die Trauer dadurch nicht weniger wurde. Von meinen Eltern dagegen fühlte ich mich allein gelassen – und das hatte nichts mit der Entfernung zu tun. Ich hatte das Gefühl, sie waren in Gedanken nur bei Sara. Das eigene Kind zu verlieren muß das schlimmste sein. Dieser Verlust hielt sie so fest, daß sie ihre anderen beiden Töchter gar nicht richtig wahrnehmen konnten. Dafür hielt mich mein soziales Netz in den schwachen Momenten. Ich habe Ausgrenzung und Stigmatisierung hier nicht erlebt. Meine Freunde und Bekannten reagierten geschockt, hilflos, aber nicht verurteilend. Ich glaube, in einer großen Stadt ist es leichter. Ich habe keine Ahnung, wie es gewesen wäre, in unserem Heimatdorf zu sein. Ich bin seitdem auch noch nicht dort gewesen.

Schlimm war es, wenn manche Freunde so schockiert von der Nachricht waren, daß sie selbst erst einmal getröstet werden mußten. Das konnte ich nicht leisten, und ich hatte auch kein Verständnis dafür. Eine langjährige Freundin habe ich leider verloren. Sie hat sich nach dem Tod meiner Schwester aus anderen Gründen, wie sie sagt, von mir zurückgezogen. Das hat mir sehr weh getan, und es bohrt noch heute in mir. Aber andere kamen auf mich zu: eine Arbeitskollegin, die mich mit meiner Tochter unterstützt, eine andere Mutter, die ähnliche Schicksalsschläge hinter sich hat und mit der ich mich über manches austauschen kann, was anderen zuviel ist. Auch eine Schulfreundin habe ich durch das gemeinsame Schicksal, jemand Geliebten durch Suizid verloren zu haben, wiedergefunden. Seitdem traue ich meinen Freunden und Verwandten auch mehr zu. Ich habe sie damit konfrontiert, wie schlecht es mir ging, ich mußte viel reden – ich mußte mich ihnen zumuten. Vorher hatte ich eher Scheu, mich so sehr zu öffnen. Das zu tun, mich schwach zu zeigen, hat mir und auch meinen Freundschaften sehr gut getan.

Ich war unterstützt, betreut, wußte mich geborgen. Dennoch kamen die Ängste. Plötzlich hatte ich Angst, S-Bahn zu fahren. Es könnte ja ein Unglück geben. »In welchen Waggon soll ich steigen?« ertappte ich mich auf dem Bahnsteig denkend. Die Angst um meine Tochter und um meinen Mann war am stärksten, diese große Angst, noch einen meiner Liebsten zu verlieren. Manchmal fürchtete ich mich, daß ein Auto den Kinderwagen erfassen, daß jemand das Kind entführen könnte. Ich machte mir Sorgen um meine Eltern. Geht es ihnen gut dort, wo sie sind? Schaffen sie es, mit dem Verlust der Tochter fertig zu werden, ohne daß ihnen selbst etwas dabei passiert? Die generelle Angst vor Terror, in jeder Situation. Die Begegnung mit dem Tod in so unmittelbarer Nähe läßt den Tod plötzlich überall um die Ecke schauen. Am schlimmsten war es um den ersten Jahrestag herum. Ich war eine Woche depressiv, lebte in Dunkelheit und totaler Anspannung. Wir haben den Tag mit Saras bester Freundin verbracht. Wir waren noch einmal in der Kirche, in der die Trauerfeier stattgefunden hatte, bei dem Pfarrer, der den Freunden in jener furchtbaren Nacht als Seelsorger zur Seite stand. Aber die Anspannung legte sich erst wieder, als der Tag vorbei war. Die Ängste umklammerten mich wie eine schwarze Eisenkralle. Noch heute drücken sie manchmal auf meine Brust. Die Homöopathie hilft, die Therapien haben geholfen. Aber es bleibt ein Rest. Es bleibt der Verlust der Unbeschwertheit.

Vieles hat sich positiv verändert, als ich Anfang dieses Jahres mit meiner eigenen kleinen meine große Familie besucht habe. Mein südamerikanisches Geburtsland hat für mich eine Kraft, die ich hier in Europa nicht finde, etwas Irdisches, das es hier so nicht gibt. Das Spanische ist für mich auch die Sprache meines Herzens, hier haben Emotionen viel mehr Platz als im Deutschen, hier können Freude und Trauer nebeneinander stehen. Und hier ist auch auf wundersame Art der Tod ins Leben integriert. Es ist nicht so schockierend, wenn jemand stirbt. Es ist traurig, unendlich traurig, es wird viel geweint über die Toten. Es geschieht, und man redet darüber. Die Menschen sprechen hier eher über ihre Schicksalsschläge, man sieht nicht nur die Sonnenseiten des Lebens. Menschen, die so leben, gehen auch offener und ehrlicher mit ihren Gefühlen um.

Wir konnten uns fast zehn Wochen Zeit nehmen, wovon wir die ersten fünf brauchten, um uns nach den Anstrengungen der letzten zwei Jahre zu erholen. Meine Eltern und meine eigene Großmutter wohnen in einem schönen Dorf in den Bergen, in dem man wunderbar in den Tag hinein leben kann. Meine Mutter war glücklich mit ihrem ersten Enkelkind, meine Großmutter fasziniert, daß jemand wie ihre Urenkelin so klein und schon so voller Leben sein kann. Es ging uns gut. Es gab auch Streit, Diskussionen und schwierige Gespräche über meine tote Schwester, über unseren unterschiedlichen Umgang mit der Trauer. Es wurde viel aufgewühlt. Wir haben es aber letztendlich geschafft, uns auszutauschen und gleichzeitig nicht zuviel darüber zu reden. Das

Zusammensein, das Erleben des Spätsommers, der Natur, auch das Weinen und die Gespräche über die Traurigkeit mit meinen Eltern haben uns viel Kraft gegeben. Wir haben uns versöhnt.

Eine Situation gab es, die mir fast das Herz gebrochen hat. Ich führte meinen Freund und meine Tochter zu dem für mich schönsten Ort der Welt, zu den Wasserfällen in einem Nationalpark. Inmitten all dieser Schönheit fing ich an zu weinen und fühlte wieder diese Wut auf sie. Wie konntest du einfach gehen, wenn es auf dieser Welt so etwas Gigantisches gibt? Warum konntest du diese Schönheit nicht mehr sehen? Allein deshalb lohnt es sich doch zu leben.

Aber trotz des Schweren, das in mein Leben getreten war, fühlte ich auch wieder Leichtigkeit. Da war wieder Licht, wieder soviel Sonne. Vor dieser Reise empfand ich mich wie ein zerklüftetes Gebirge. Danach hatte ich den Eindruck, jemand habe in Südamerika heiße Milch mit Honig auf die scharfen Felsspitzen gegossen. Seitdem fühle ich mich wie gepolstert.

Zurück in Deutschland, warten neue Herausforderungen auf uns. Wir müssen neue Arbeit finden und dafür sorgen, weiterhin in Berlin leben zu können. Es ist manchmal zäh, aber wir halten durch. Solange wir uns haben, schaffen wir es. Meine Schwester hat mir gezeigt, wie schnell man sich in solchen Situationen entmutigen lassen kann. Wir sind fest entschlossen zu kämpfen. Langfristig möchte ich mich beruflich umorientieren. Die Homöopathie interessiert mich sehr, und es ist schon lange mein Wunsch, therapeutisch zu arbeiten.

Es ist mir durch den Tod meiner Schwester klargeworden, daß unsere Zeit auf der Erde begrenzt ist und daß ich das machen möchte, was meine innere Stimme mich lehrt. Daß ich, wenn es möglich ist, meine Zeit nicht mit anderen Dingen verschwenden möchte, die mir nicht soviel wert sind. Ich weiß noch nicht, wie es uns gelingen wird, die neue Ausbildung für mich zu finanzieren, aber ich bin mir sicher, daß ich es schaffen werde und daß es mir guttun wird. Ich weiß aus eigener Erfahrung, wie hilfreich die Homöopathie und andere Formen der Therapie sind, und es ist mir ein Anliegen, anderen Menschen in Krisen zu helfen. Meiner Schwester konnte ich nicht helfen, aber vielleicht gelingt es mir mit anderen.

Ich werde immer wieder gefragt, was hat sich verändert, seit deine Schwester gestorben ist? Ich werde auch gefragt, was hat sich verändert, seit du Mutter geworden bist? Es hat sich sehr viel verändert. Ich habe das Gefühl, bis dahin lebte ich ein Leben, und danach hat ein zweites begonnen. Zu unterscheiden, was mit der Mutterschaft zu tun hat und was mit Saras Tod, fällt mir schwer. Ich weiß, daß ich mich in meinem Wesen nicht grundlegend geändert habe. Ich bin vielmehr auf alte Werte zurückgefallen. Nichts ist so wichtig für mich wie Liebe, Familie, Freundschaft und Gesundheit. Alles weitere mag seine Berechtigung haben, aber es rührt nicht so stark an meine Seele. Es ist erfüllend, wenn einem der Beruf Spaß macht und wenn man damit Geld verdient, das ein gutes Leben ermöglicht. Aber wirklich bedeutend sind für mich die anderen Dinge.

Ich habe durch Saras Tod auch gelernt, mich mehr zurückzunehmen und toleranter zu sein. Ich sage immer noch meine Meinung, aber ich muß nicht alles verstehen, ich kann es gar nicht. Den Weg meiner Schwester werde ich wohl nie verstehen, auch weil ich selbst so am Leben hänge und den Tod fürchte.

Am größten ist das Gefühl, gereift zu sein. Einerseits auf schöne Weise durch die Mutterschaft. Aber die plötzliche Reife durch den Tod einer geliebten Person, die

Spuren auf Gesicht und Seele hinterläßt, die hat mich kalt erwischt. Ich bin immer noch sehr sensibel, was das Thema angeht, und empfindlich, wenn Menschen zu vergessen scheinen, was passiert ist. Auch ungeduldig, wenn sie anderen Themen und Oberflächlichkeiten soviel Macht über ihr Leben einräumen. Ich versuche dann ihr Leben nicht mit meinem zu vergleichen, versuche zu denken, daß das Leben jedem von uns andere Aufgaben stellt. Manchmal klappt es, andere Male wende ich mich von solchen Menschen ab. Eine meiner Aufgaben ist es, mit dem Verlust meiner Schwester fertig zu werden. Das Leben oder Gott hat mir diese Aufgabe gestellt, weil ich sie tragen kann, also werde ich sie tragen.

Noch ein anderer Herzenswunsch ist entstanden, ein Wunsch für mein Kind. Er rührt hauptsächlich aus dem, was ich über die Kindheit meiner verlorenen Schwester weiß. Ich möchte meiner Kleinen eine unverwüstliche Basis für die schwierigen Momente im Leben geben, möchte für sie da sein und ihr Urvertrauen stärken.

Heute, fast zwei Jahre nach dem Tod meiner Schwester, macht es für mich keinen Unterschied mehr, ob sie sich umgebracht hat oder ob sie etwa bei einem Unfall gestorben ist. Das ist ein neues Gefühl für mich. Der Schock darüber, daß die eigene Schwester sich getötet hat, die Gewalt, die damit verbunden ist, die Vorstellung, wie verzweifelt sie gewesen sein muß, als sie im Internet Anleitungen suchte, schienen beinahe unüberwindlich. Das alles ließ mich nicht in Ruhe.

Inzwischen habe ich ein wenig Frieden gefunden. Das schlimmste ist die Traurigkeit darüber, daß sie weg ist. Die Wut, die Vorwürfe, die widersprüchlichen Gefühle sind einer tiefen, ehrlichen Trauer gewichen, die in Wellen kommt und geht. Ich spüre dann die Liebe zu ihr, ganz unverstellt. Dann weine ich und vermisse sie sehr.

Ich bin traurig darüber, daß sie als Schwester nicht mehr da ist und keine Tante mehr werden konnte.

Trauer kostet viel Kraft. Doch so schwer es ist, irgendwann geht alles weiter, irgendwann findet man zum eigenen Leben zurück, einem veränderten Leben vielleicht. Das dauert für jeden seine Zeit.

Manchmal ist die Trauer sehr präsent. In anderen Momenten bin ich so gut in meinem Familienleben geerdet, daß ich glücklich und langsam auch ein bißchen unbeschwerter sein kann. Die Trauer gehört nun zu meinem Leben, ich erwarte nicht, daß sie irgendwann geht. Daß sie irgendwann schwächer wird oder mich freier atmen läßt als jetzt, das wünsche ich mir.

Es hat alles viel damit zu tun, sie loslassen und ihren letzten Schritt akzeptieren zu können. In Momenten, in denen mir das gelingt, sehe ich Sara wieder als die, die sie war, vor ihrem letzten halben Jahr. Diese Momente sind noch sehr jung, aber sie erscheint mir dann wieder als meine strahlende Schwester, die sich freuen konnte über lateinamerikanische Musik und Tänze, die fasziniert war vom Leuchten in Kinderaugen, die mit politischen Kämpfern in Südamerika und mit Gleiskehrern in Berlin sprach und darüber Berichte schrieb. Die Lust hatte auf das Leben, lange Studien- und Erkundungsreisen unternahm, sich über die Ungerechtigkeit der Welt echauffieren und bei Massagen entspannen konnte. Deren Augen so oft blitzten, ganz anders als bei der Frau mit dem Husky.

»Ihre Liebe hat mir so gefehlt«

Sven Kirchner, 34, arbeitet heute als Drucker in Bingen. Als er elf Jahre alt war, vergiftete sich seine Mutter, während er und sein Bruder schliefen. Sven ist ledig und hat keine Kinder.

Ich denke nicht oft an meine Mutter. Ich vermisse sie auch nicht mehr. Vielleicht liegt das daran, daß ich kaum mehr Erinnerungen an sie habe. Die sind wahrscheinlich irgendwo tief in mir vergraben und können nicht heraus. Oder wollen nicht, sind beiseite geschoben, weil sie zu weh tun. Womöglich habe ich das alles auch einfach vergessen. Es ist so lange her, und ich vergesse sehr schnell. Vergessen hat auch seine Vorteile.

Ich erinnere mich noch an einige kleine Momente und Erlebnisse mit ihr, zum Beispiel wie ich immer die Schüssel auslecken durfte, wenn meine Mutter Kuchen gebacken hat. Und wunderschöne, harmonische Urlaube am Meer. Oder wie ich in ihrem Bett schlafen durfte. Bis zu ihrem Tod bin ich abends zu ihr ins Bett gekrabbelt, weil sie Angst hatte und sich allein fühlte. Mein Vater war damals schon ausgezogen. Dann habe ich meine kalten Füße zwischen ihren Beinen gewärmt. Einmal kam mein Vater abends doch nach Hause, und sie haben neben mir im Bett miteinander geschmust. Ich habe so getan, als würde ich schlafen, und mich gefreut. Ich glaube, die beiden waren glücklich in dem Moment und auch noch beim Frühstück am nächsten Morgen. Vielleicht war es das letzte Mal, daß sie zusammen glücklich waren.

Einmal, als wir noch in München lebten, hat meine

Mutter mich spontan aus der Schule abgeholt, um mit mir auf das Oktoberfest zu gehen. Keine Ahnung, warum sie das gemacht hat, es war jedenfalls ein Riesenspaß. Ich durfte mit jedem Karussell fahren, Süßigkeiten essen und einfach alles machen, was ich wollte. Das war ein wunderschöner Tag. Und die Sonne schien.

Ich habe meine Mutter geliebt und denke zwar selten, aber immer gern an sie. Ich sehe dann eine füllige, kleine Frau mit schulterlangen, gelockten Haaren und dicker Hornbrille, mit riesigem Busen und einer roten Nase. Obwohl ich kein einziges Foto oder sonstige Erinnerungsstücke von meiner Mutter besitze und mich auch nie darum gekümmert habe, weiß ich noch genau, wie sie aussah. Ihr Bild in meinem Kopf, ihr Gesichtsausdruck – das ist alles ganz klar. Früher war sie sogar eine hübsche, schlanke Frau. Aber dann weinte sie viel und begann zu trinken.

Trotz der Trinkerei sind meine Gedanken und Erinnerungen an sie grundsätzlich positiv. Ganz anders als bei meinem Bruder, der sich nur an das Negative erinnert – wie mein Vater. Ich vermute, er hat Schuldgefühle, aber darüber spricht er nicht. Wir haben nie wirklich über meine Mutter geredet. Immer nur oberflächlich. Trotzdem haben alle von den Alkohol- und Eheproblemen gewußt – Nachbarn, Freunde, Verwandte –, nur gesagt hat keiner was. Warum eigentlich? Um mich zu schützen? Um den Schein zu wahren? Vor wem? Daß die Fassade stimmt, das war auch für meinen Vater stets die Hauptsache. Auf diese Weise kam nie ein richtiges Gespräch zustande. Er hat mir nie erklärt, was eigentlich geschehen war. Welche Probleme es gab zwischen ihm und ihr. Ich wußte nur, daß sie sich umgebracht hatte. Wie sie es getan hat, erfuhr ich erst viel später.

Erwachsen finde ich dieses Verhalten nicht gerade.

Man kann doch über alles reden. Man muß es sogar, sonst wird alles nur noch schlimmer. Wahrscheinlich konnte mein Vater nicht verstehen, warum es geschah. Einige Male hat er sich laut gefragt: »Warum hat sie sich umgebracht? Sie hatte doch alles!« Ansonsten hat er zu dem Thema geschwiegen. »Sie kam mit sich selbst nicht zurecht«, war die einzige Erklärung, die ich je von ihm gehört habe – sonst nichts. Ich denke, er wollte stets seine Gefühle verbergen. Er zeigt nicht gern, daß er auch sensible Seiten hat. Er will die Kontrolle behalten, Chef sein, Familienoberhaupt. Dafür schluckt er alles runter. Aber manchmal gibt es auch heute noch – mehr als zwanzig Jahre danach – Situationen, da kommen ihm trotzdem die Tränen, und etwas schnürt ihm den Hals zu.

Es war im Februar 1982. Ich kann mich nur dunkel an den Abend erinnern, schemenhaft. Viele Puzzlestücke, die kein komplettes Bild ergeben. Es gab Streit. Wie so oft. Warum, weiß ich nicht mehr, aber es ging vermutlich um mich. Jedenfalls dachte ich das und fühlte mich verantwortlich. Ich war schlecht in der Schule, bekam blaue Briefe, und meine Mutter hat sie vor meinem Vater versteckt. Sie hat mich immer beschützt. Sie und ich wußten, daß es Prügel setzen würde, wenn er von meinen Noten erfuhr. Meinen Vater machte das natürlich noch wütender.

Vielleicht war er aber auch sauer, weil sie sturzbetrunken in der Küche stand, als er heimkam. Sie sah schlimm aus. Das Essen war nicht fertig. Sie hatte zuviel Wein getrunken. Ich glaube, er hat sie geschlagen. Oder uns Kinder. Irgend etwas mußte passiert sein, jedenfalls wurde meine Mutter plötzlich ganz still. Mein Vater verließ das Haus und ging in seine Wohnung. Er war einige Zeit zuvor ausgezogen, weil er es nicht mehr ausgehalten hatte. Er konnte offenbar mit meiner Mutter nicht mehr leben.

Mit einer Säuferin. Vielleicht muß man dafür Verständnis haben. Er sah schließlich gut aus. Nur ich, ich war dann allein.

Mein Bruder und ich gingen ins Bett. Er schlief eine Etage höher als ich im Dachgeschoß. Irgendwann in der Nacht habe ich ihn rufen hören: »Mama?!« Und er nannte sie bei ihrem Namen. Er kam langsam die Treppe herunter, stand da und hat immer wieder nach ihr gerufen. Das ist mir heute noch suspekt. Warum hat er das getan? Es kam keine Antwort. Ihr Schlafzimmer war leer. Ich wollte nachsehen, aber mein Bruder schickte mich zurück in mein Zimmer und befahl mir, dort zu bleiben. Er hatte eine Vorahnung, da bin ich ganz sicher, und wollte mich schützen. Ich war damals elf, er 19 Jahre alt. Langsam und ganz ruhig ging er die Stufen runter.

Dann weiß ich nur noch, wie er den Notarzt rief. Der kam und sagte: »Tut mir leid, Ihre Mutter ist gerade gestorben.« Ich konnte von oben mithören. Auch als mein Vater kam und fragte: »Mensch, Schatz, was machst du denn für Sachen?« Ich bin dann ein paar Stufen runtergelaufen und habe um die Ecke geschaut. Dort standen mein Bruder, regungslos, als würde ihn das gar nicht berühren, und mein Vater, heulend wie ein Schloßhund. Meiner Mutter wurde gerade ein Tuch über das Gesicht gezogen. Sie lag auf einer Trage. Die Polizei war da und stellte viele Fragen. Sie schickten mich zurück auf mein Zimmer. Ich hatte Angst. Weinen mußte ich nicht. Mir wurde erst später bewußt, daß sie tot war. Das kann man gar nicht so schnell realisieren. Und daß sie sich umgebracht hatte, war mir auch nicht klar. Mein Bruder sagte irgend etwas von einem Unfall. Genaues hat mir niemand erzählt.

Im Krankenhaus wurde später festgestellt, daß sie sich vergiftet hatte. Sie hat eine Flasche Pflanzendünger getrunken. Die ganze Flasche. So eine grüne. Vielleicht hatte sie gar nicht mehr gemerkt, was sie da eigentlich trank, als sie nachts aufgestanden und in die Küche gegangen war. Sie war ja betrunken. Dann muß sie zusammengebrochen und gestorben sein. Ich vermute, sie war einfach verzweifelt, fix und fertig von dem Streit. Es muß eine Kurzschlußreaktion gewesen sein. Sie hinterließ keinen Abschiedsbrief. Mein Vater stellte das ganze Haus auf den Kopf – und fand doch nichts.

Am schlimmsten war die Beerdigung. Ich saß mit meinem Bruder ganz vorn in der Kapelle. Er weinte nicht. Er hat nie geweint. Es schien ihn gar nicht zu belasten, was mir unbegreiflich war. Aber er nahm mich in den Arm und tröstete mich. Die Kapelle war voll, und ich wunderte mich, wie viele Leute meine Mutter kannte. Vorn stand der Sarg, und der Pfarrer begann zu reden. Über sie. Es war schrecklich. Am schrecklichsten war jedoch der Moment, als der Sarg hinabgelassen wurde. Ein Schlüsselmoment, denn erst da begriff ich, daß sie uns wirklich verlassen hatte. Daß sie weg ist, für immer weg. Ich konnte danach eine Zeitlang nicht sprechen. Oder ich wollte nicht, so genau weiß ich das nicht mehr.

Schlimm war auch der Tag, als ich zum ersten Mal wieder in die Schule ging. Die ganze Klasse versammelte sich auf dem Schulhof, um mir einer nach dem anderen »Herzliches Beileid« zu wünschen. Das konnte ich nicht aushalten. Ich fing sofort wieder an zu weinen und rannte heim.

Von dem Moment, wie der Sarg verschwindet, habe ich oft geträumt. Ich malte düstere Bilder mit Kreuzen und Grabsteinen wie in Gruselfilmen. Alles in meinem Leben hatte irgendwie mit dem Tod zu tun. In den Wochen danach habe ich sie sehr vermißt, viel getrauert und geweint und oft an ihrem Grab gestanden.

Heute gehe ich gar nicht mehr auf den Friedhof. Ich glaube sogar, daß mein Vater das Grab mittlerweile aufgelöst hat. Außer meiner Patentante hat sich niemand darum gekümmert. Aber nicht aus Böswilligkeit, sondern einfach nur so. Eigentlich bin ich meiner Mutter nie böse gewesen. Mag sein, daß ich einfach zu jung war, um alles zu verstehen. Allerdings, nachvollziehen kann ich es bis heute nicht. Was denken die sich eigentlich? Was geht in Menschen vor, wenn sie sich umbringen? Ich habe mich das oft gefragt. Damals schon. Ich wollte herausfinden, wie und warum sie es getan hat oder ob ihr Tod womöglich bloß inszeniert war, sie mittlerweile in einer anderen Stadt lebt – die merkwürdigsten Gedanken und Phantasien kreisten durch meinen Kopf.

Ich durchsuchte die Küche, in der Hoffung, irgendwo eine Erklärung zu finden. Die Küche war seither ein seltsamer Ort für mich, ich bin nicht gern hineingegangen. Mein Vater hat die Kücheneinrichtung dann bald herausgerissen und durch eine neue ersetzt. Radikal. Er verschenkte auch ihre Sachen oder verkaufte sie, Kleider, Möbel, Schmuck – alles. Er wollte nicht weiter damit konfrontiert werden. Nichts von ihr blieb in dem Haus – als wollte er sie auslöschen.

Ich glaube, er versuchte dadurch auch den Schmerz von mir fernzuhalten. Jahre später, als mein Großvater starb, schickte er mich einfach in die Ferien. Dabei war ich schon 16 und liebte meinen Großvater sehr. Er hatte sich immer viel um mich gekümmert, zu Ostern Eier für mich versteckt und solche Sachen. Ich war gern mit ihm zusammen. Meine Tante erzählte mir dann, was passiert war. Auch mein Opa hatte sich umgebracht, mit einem Zehn-Millimeter-Kaliber erschossen. Es muß ein furchtbares Bild gewesen sein für seine Frau, als sie ihn fand. Aber er war schon über 80 Jahre alt und unheilbar krank. Er wollte nicht warten, bis der Krebs ihn tötete, er konnte die Schmerzen nicht mehr ertragen. Das kann man ja auch verstehen. Das ist die Wahl des weniger grausamen Endes. Mit meiner Mutter kann man das nicht vergleichen. Im Gegensatz zu ihr hatte er alles fein säuberlich geplant und Abschiedsbriefe hinterlassen. Die durfte ich allerdings bis heute nicht lesen.

Nach dem Tod meiner Mutter zog mein Vater wieder zu uns. »Wir müssen jetzt zusammenhalten«, sagte er damals. Aber dann war er beruflich ständig unterwegs, hatte nie Zeit, und mein Bruder mußte sich um mich und den Haushalt kümmern. Und ich habe damals ständig Mist gebaut, bin oft abgehauen und wurde immer schlechter in der Schule.

Ich glaube, es fing mit Konzentrationsproblemen an. Und mit dieser Wut. Ich war aggressiv, mit den falschen Leuten zusammen, habe Alkohol getrunken, geklaut, gelogen, geraucht – einfach alles. Einmal sind wir sogar in unseren Hort eingebrochen. Wäre ich schon 14 gewesen, hätten sie mich in den Knast gesteckt. Nach dem Einbruch kam die Polizei, dann das Jugendamt, dann ein Psychologe. Von schweren kriminellen Energien war die Rede, von Internat und davon, meinem Vater die Vormundschaft zu entziehen. Letztendlich bekam ich eine Therapie als Auflage und durfte zur Strafe nicht mehr in den Turnverein. Statt die Freizeit zu genießen, sollte ich mich auf die Schule konzentrieren und wurde isoliert. Meine Klassenkameraden sollten nicht mehr mit mir spielen. Es hieß, ich sei schlechter Umgang. Sie verpflichteten mich auch zu einer Art autogenem Training, wo ich lernen sollte, mich besser zu kontrollieren und mit mir selbst zurechtzukommen. Das gefiel mir ganz gut, aber ehrlich gesagt, dieses »Mit-mir-selbst-Zurechtkommen«, das kann ich selbst heute noch nicht wirklich, obwohl ich natürlich nicht mehr kriminell oder aggressiv bin.

Sie wollten mich wieder auf die richtige Bahn bringen,

von der ich nach dem Tod meiner Mutter abgekommen war. Vor allem die Lehrer. Sie hatten auch als erste gemerkt, daß mit mir etwas nicht stimmte, und gefragt, was denn los sei. Mein Vater hat nicht gefragt. Vielleicht war ich auch zu verschlossen.

Ich kam zu einer Therapeutin, die herausfinden sollte, warum ich mich so verhielt. Und wie es mir ginge. Ich bin aber nicht gern zu dieser Frau gegangen, fühlte mich unwohl. Sie war alt und häßlich und wollte immer nur reden, reden, reden. Mit ihr wollte ich aber nicht reden. Mein Vater war ebenfalls nicht begeistert davon. Am liebsten hätte er wohl vermieden, daß jemand mit mir über meine Mutter spricht. Er fürchtete wohl, das könnte auch für ihn unangenehm werden. Er hätte das Thema gern verdrängt.

Vielleicht liegt es auch daran, daß ich mich sowenig an meine Mutter erinnere. Weil alle einfach versucht haben, so weiterzumachen wie bisher. Weil ich mich kaum mit ihrem Tod und ihrer Person beschäftigen konnte. Dabei gab es doch so viele Fragen und Zweifel. Aber alle haben geschwiegen wie über ein großes Geheimnis. Oder ein Rätsel, dessen Lösung nicht verraten werden soll. So geriet sie in Vergessenheit. Und das Warum blieb bis heute unbeantwortet. Aber das bleibt es wahrscheinlich immer. Die Therapie hat daran auch nichts geändert. Ich konnte das Eigentliche nicht verarbeiten, weil es immer nur um meine konkreten aktuellen Probleme ging. Die haben alles überlagert. Daß diese Probleme aber durch den Suizid ausgelöst oder zumindest verstärkt wurden, war mir lange nicht klar. Hätten sie mir das nicht klarmachen müssen? Heute weiß ich, daß ich mich wegen meiner Mutter so negativ verändert habe. Ein Engel war ich zwar nie, doch ihr Tod hat natürlich alles verschlimmert. Damals habe ich einfach dichtgemacht, mich selbst verriegelt. Jetzt habe ich nichts mehr zu verstecken und im Gegensatz zu meinem Vater und Bruder auch kein Problem, über sie zu reden. Und ich bin widerstandsfähiger geworden.

Natürlich rede ich nicht mit jedem über meine Mutter, aber es ist mir nicht mehr grundsätzlich unangenehm. Durch meine Exfreundin habe ich gelernt, den Dingen auf den Grund zu gehen. Sie hat sich viel Mühe mit mir gegeben und versucht herauszufinden, wie meine akuten Probleme mit meiner Vergangenheit zusammenhängen. Mit ihr konnte ich ganz offen sein. Früher, vor ihr, dachte ich, vielleicht denken die Leute schlecht von mir, wenn sie von dem Suizid erfahren. Ich wollte geliebt werden. Und damit mich die anderen mögen, wollte ich mich von meiner besten Seite zeigen. Der Tod meiner Mutter gehört nicht zu meiner besten Seite.

Auch wenn es jetzt vielleicht so klingt, ich will ihr nicht die Schuld dafür geben, daß ich heute so bin, wie ich bin. Aber ich habe schon das Gefühl, benachteiligt gewesen zu sein. Sie hat mir damals gefehlt: Zeit mit ihr, spielen mit ihr, von ihr Geschichten vorgelesen zu bekommen. Ihre Liebe hat mir so gefehlt. Eine Liebe, die mir die neue Frau meines Vaters nicht geben konnte, selbst wenn sie immer offen und verständnisvoll war. Sie hat mit mir gelernt, mich gefördert, aber sie war keine Mutter. Sie glaubte an mich, dachte, ich könnte sogar das Abitur schaffen. Aber ich hatte keinen Bock auf die Schule und war furchtbar rebellisch. Das blieb lange Zeit so. Ich legte mir eine dicke Schale zu, einen Schutzschild, später in Form eines dicken Autos und anderer Oberflächlichkeiten. Geld und Reisen und so. Ich wollte Anerkennung und genauso erfolgreich sein wie mein Vater. Es sollte wenigstens so aussehen, als sei mit mir alles in Ordnung. Klar habe ich irgendwann gemerkt, daß ich so nicht weiterkomme. Daß es nichts bringt. Man kann sich nicht auf Dauer belügen.

Meine Mutter ist jetzt gut 22 Jahre tot, und ich habe tatsächlich außer mit meiner Exfreundin nie über sie und die Auswirkungen ihres Todes gesprochen. Mit der Zeit ist eine dicke Kruste über die Erinnerungen gewachsen, und ich dachte, ich könnte nicht mehr auf sie zugreifen. Aber selbst nach all den Jahren kann es noch zu Rissen in dieser Kruste kommen. So wie jetzt, wenn ich davon erzähle. Dieser Teil meiner Vergangenheit hört nie auf, mich zu begleiten, mich zu quälen, auch wenn ich mir dessen nicht immer bewußt bin. Er macht mich und meine Art aus. Für meinen Bruder gilt das genauso, auch wenn seine Probleme ganz anderer Natur sind. Wir stehen uns nicht besonders nah. Er kümmert sich kaum um seinen Sohn und seine Tochter, und auch das Verhältnis zu meinem Vater ist schwierig.

Ich möchte keine eigene Familie gründen. Das geht doch nie gut. Ich habe gesehen, was mein Bruder mit seiner Frau und den zwei Kindern mitgemacht hat. Ich habe es immer wieder gesehen. Ehen gehen kaputt, die Folgen sind dramatisch. Die Männer müssen zahlen für Therapiekosten, Lohnausfall, das Haus, die Kinder. Ich kenne einfach nur Negativbeispiele. Da ist es kein Wunder, daß ich dem Modell mißtraue. Woher sollte mein Vertrauen in die Liebe auch kommen? Das stellen sich die Leute so toll vor. Bis in alle Ewigkeit und so. Sie gewöhnen sich aneinander und denken, daß es immer schön bleibt. Ich glaube, man muß von Anfang an die Trennung einkalkulieren. Das ist meine Einstellung – und die hat sicher sehr viel mit meiner Mutter zu tun.

Genauso wie meine jetzige Angst vor dem Tod. Vor kurzem besuchte ich meinen Vater im Krankenhaus, er sah schlecht aus, und plötzlich kam diese Angst in mir hoch, daß ihm etwas passieren könnte. Oder meiner Stiefmutter. Ich weiß nicht, wie ich reagieren würde. Ich weiß nur, daß ich mich nicht so sehr vor dem Tod fürchte, sondern vor meiner Reaktion darauf. Davor, die Kontrolle zu verlieren. So wie damals. Vielleicht würde ich dann völlig durchdrehen. Es gibt häufig Momente, in denen mich die Tränen überwältigen und ich mit meinem Leben unzufrieden bin. Und diese Unzufriedenheit strahlt man dann auch nach außen aus, was unattraktiv ist und dazu führt, daß man niemanden kennenlernt und einsam bleibt. Ich bin mir meiner negativen Ausstrahlung und meines mangelnden Selbstvertrauens bewußt. Das sind eben meine Probleme heute. Außerdem kann ich mich nur schlecht konzentrieren, und in meinem Beruf könnte ich auch viel besser sein. Aber mir fehlen die Motivation und das Interesse, weil ich etwas tue, hinter dem ich nicht wirklich stehe. Ich weiß das alles und komme dennoch nicht weiter. Und niemand kann mir dabei helfen, auch kein Therapeut. Der sagt ja nicht, das mußt du ändern und jenes. Der hilft dir nur, Probleme zu erkennen. Lösen mußt du sie immer selbst.

Solange ich mein Leben nicht geregelt habe und mit mir selbst noch so wenig im reinen bin, möchte ich auch keine Kinder. Ich mag Kinder sehr, und ich komme gut mit ihnen zurecht, aber ich könnte nicht die Verantwortung für ein anderes Leben übernehmen.

Ich bewundere Menschen sehr, die ihr Leben im Griff haben. Die sind sich ihrer selbst sicher, im Leben gefestigt, haben Freunde. Es gibt aber auch viele Leute, die sich über ihr Glück gar nicht richtig freuen können. Die müssen vielleicht erst mal durch ein dunkles Tal gehen, um zu sehen, wie schön die Sonne scheinen kann. So wie ich – auch wenn es schon eine Weile her ist, daß ich die Sonne gesehen habe. Oder ein Kollege von mir: Er hat starke psychische Probleme und kann mittlerweile den Alltag nur mit Medikamenten meistern. Ich frage mich oft, ob das sinnvoll ist, jemanden künstlich am Leben zu halten. Künstlich glücklich, gibt es das? Über solche Fragen kann man nur mit wenigen reden. Es gibt ja auch keine Antworten. Einige Leute kenne ich schon, die offen sind und sich für solche Themen interessieren, aber auch sie können nicht verstehen, warum ich bin, wie ich bin. Sie können sich nicht hineindenken in jemanden wie mich, weil sie die Erfahrung von Verlust, Suizid und Trauer nicht gemacht haben. Die merken nur, daß ich Probleme habe. Daß ich unsicher bin und manchmal stottere oder undeutlich rede. Manchmal habe ich auch richtige Aussetzer, vergesse viel, kann mich schlecht an Geschichten oder Wege erinnern. Und dann kann ich an nichts anderes mehr denken, dann füllen diese Probleme meinen Kopf komplett aus. Es ist zum Verzweifeln.

Ich sehe heute einige Parallelen zwischen mir und meiner Mutter: Auch ich komme mit mir selbst nicht zurecht. Auch ich bin unglücklich mit meinem Leben, meinen Beziehungen und meinem Beruf. Ich bin nicht, wie ich gern wäre, und daran bin ich auch noch selbst schuld. Das ist überhaupt das schlimmste.

Aber trotz allem würde ich mich nicht umbringen. Auf die Idee käme ich nicht im Traum. Niemals.

»Ich habe seine Entscheidung von Anfang an akzeptiert«

Susanne Westphal, 49, arbeitet als Sekretärin in Hamburg. Sie war gerade 17 Jahre alt, als sich ihr Vater erhängte, wie auch schon sein Vater vor ihm. Susanne wurde selbst immer wieder wegen Depressionen behandelt. Sie lebt seit einigen Jahren mit ihrem Freund zusammen.

Ich habe mir sehr oft gewünscht, einen Vater gehabt zu haben. Es gab so viele Situationen, in denen ich gern mit ihm gesprochen, seinen Rat gebraucht hätte. Oder ihm heulend um den Hals gefallen wäre, weil mich irgendein Kerl sitzenließ oder ich unsterblich verliebt war. Aber heute fehlt er mir nicht mehr – dazu sind zu viele Jahre vergangen. Nur manchmal schaue ich mir sein Foto auf dem Sekretär an und werde wehmütig. Es ist das einzige Foto von ihm in meiner Wohnung. Er lacht darauf so schön. Mein Vater war ein gutaussehender Mann. Und wenn ich das Bild so intensiv betrachte, dann denke ich einfach nur: Schade. Schade, daß du gegangen bist.

Wenn ich die Augen schließe, sehe ich ihn manchmal zusammen mit meinem Freund im Ruderboot sitzen oder im Kanu auf der Alster. Die beiden hätten sich sicher gut verstanden. Mein Vater liebte die Natur. Er sieht dann in meiner Phantasie aus wie damals: mit seinem schwarzen Haar und der sportlichen Figur – groß und schlank. Wir hätten ihm bestimmt noch viel Freunde bereiten können – mein Bruder und ich. Aber er war immer entsetzlich negativ, vor allem meinem Bruder gegenüber. Er traute ihm nichts zu und hielt generell wenig von ihm. Mein Bruder steckte häufig in Schwierigkeiten. Und meine Mutter bemühte sich andauernd darum, den Ärger vor meinem Vater zu verbergen. Dadurch herrschte permanente Anspannung, weil er natürlich trotzdem ahnte, was los war. Ich sehe heute noch vor mir, wie er meinen Bruder einmal verprügelte. Das Bild werde ich wohl nie wieder los. Er schlug ihn regelrecht auf den Boden unter den Wohnzimmertisch, und mein Bruder hielt die Hände schützend über seinen Kopf.

Mich hingegen liebte er sehr, dessen war ich mir immer sicher. Die Ehe meiner Eltern allerdings war unglücklich. Immer Streit. Kein offener Streit, denn das hätte bedeutet, daß man miteinander reden würde. Die Waffe meines Vaters aber war das Schweigen. Wir saßen am Eßtisch, und keiner wagte, etwas zu sagen, weil es das Falsche hätte sein können, und darauf wäre noch längeres Schweigen gefolgt. Wir hatten Angst vor dieser Wortlosigkeit. Irgendwie tat er mir aber auch leid, weil er selbst in der Familie isoliert war. Ich liebte meine Mutter und war hin und her gerissen zwischen den Gefühlen zu ihr und dem Mitleid ihm gegenüber. Doch Mitleid ist keine Liebe, auch wenn ich das damals noch nicht so unterscheiden konnte.

Trotz allem habe ich grundsätzlich ein gutes, ein warmes Gefühl, wenn ich an ihn denke – wenn auch ein sehr distanziertes. Das ändert sich allerdings mit meiner eigenen Verfassung. Wenn es mir schlecht geht, fühle ich immer noch Wut auf ihn.

Früher fuhr ich mit meiner Mutter gelegentlich zum Grab meines Vaters. In den ersten Jahren habe ich dort noch etwas von ihm gespürt, später war es nur ein inneres Gespräch zwischen ihm und mir. An seinem Todes- oder Geburtstag rufe ich meine Mutter an. Wir sprechen kurz über ihn, etwa so: »Es wäre schön, wenn er das noch erleben oder sehen könnte.« Es ist nicht mehr als ein oberflächliches, aber liebevolles Erinnern. Dennoch bleibt unser Verhältnis zu ihm voller Widersprüche. Da ist Liebe ebenso wie Ablehnung, ein Gefühl von Verständnis ebenso wie von Schuld.

Ich hätte ihn so gern aus seiner Haut herausgeholt, ihm irgendwie dabei geholfen, sich zu äußern. Es wäre schön gewesen, wenn er in mir jemanden gesehen hätte, dem er sich hätte mitteilen können. Wenn ich das für ihn hätte sein können, was niemand für ihn war. Wobei ich nicht einmal weiß, ob ich dazu überhaupt imstande gewesen wäre und ob es tatsächlich etwas geändert hätte. Er war so einsam und unglücklich, das wußte ich schon als Teenager. So einsam in sich selbst, daß es keine Worte dafür gibt. Die Bedeutung des Begriffs Depression kannte ich damals noch nicht. Mein Vater sprach nie über seine Gedanken, teilte nie seine Kümmernisse. Er sagte immer: »Mir kann sowieso keiner helfen.« Das hatte er verinnerlicht. Er war als junger Mann, noch keine 20 Jahre alt, aus dem Krieg gekommen und hatte jede Hilfe abgelehnt, obwohl es das Angebot psychologischer Betreuung gab. Wahrscheinlich hatte er das von seinem Vater geerbt. Der war auch ein schwieriger Charakter und schwer depressiv. Viel mehr weiß ich nicht über meinen Großvater, es wurde nie richtig über ihn gesprochen. Er hatte sich erhängt, als mein Vater im Krieg war. Aber auch darüber sprach mein Vater nie. Diese Mischung aus Stolz, unbedingt stark auftreten zu wollen und Selbstmitleid ist absolut fatal. Wenn man sich helfen läßt, gibt man auch etwas ab, legt es aus der eigenen in eine andere Hand. Das kann nur gut sein.

Mein Vater zog sich statt dessen immer nur zurück. Und keiner, auch ich nicht, hat je die Tür seines Zimmers geöffnet und gefragt: »Was ist denn los? Wie geht es dir?« Das mache ich mir heute noch zum Vorwurf. Wir zogen uns ebenfalls zurück, verschwanden schnell in unsere

Zimmer, wenn er am Abend von der Arbeit kam. Ich habe mich nie auf seine Heimkehr gefreut. Oder ich erinnere es nicht mehr. Ich erinnere nur dieses Gefühl daheim, diese gedrückte Stimmung in der kleinen Etagenwohnung, diese permanente Spannung. Uns zurückziehen, das konnten wir alle gut. Wie traurig, daß meine fröhlichen Kindheitserinnerungen fast vollständig verlorengegangen sind. Mir fällt dazu kaum etwas ein, ein paar Urlaube in Tirol, die Sonntage, an denen ich ins Elternschlafzimmer durfte, um meinen Vater zu massieren und mit ihm zu toben. Das ist alles.

Mein Vater hatte eine Freundin, das wußten wir, und meine Mutter wollte sich trennen. Er rief meinen Bruder und mich zu einem Gespräch in die Küche, wo er bereits am Tisch saß, und fragte, was wir davon hielten. Er sagte: »Eure Mutter möchte die Scheidung.« Ein schrecklicher Sprachgebrauch, so kalt. Ich antwortete: »Ich finde das gut. Jeder bekommt seinen Frieden. Du und wir.« Das war ein Schlüsselerlebnis für mich, weil ich zum ersten Mal Stellung bezog. Für meine Mutter.

Er reagierte ungeheuer betroffen, bekam Panik, weil er fürchtete, allein leben zu müssen. Egal, wie unglücklich das Familienleben verlief, allein wohnen wollte er keinesfalls, dafür war er nicht der Typ. Und seine Freundin stand auch nicht zur Debatte, sie war nicht wirklich von Bedeutung. Ich denke, ihm ist in diesem Moment der Wahrheit deutlich geworden, wie unglücklich er uns machte. Unterschwellig wußte er das sicher immer. Er hat ja selbst am meisten unter sich gelitten und nicht unter der ungeliebten Frau oder dem ungeliebten Sohn. Ihm muß das Herz geblutet haben, zu wissen, daß er es war, der das Unglück zu uns gebracht hatte. Mit den Folgen – einer Scheidung – kam er überhaupt nicht zurecht. Das war zuviel für ihn. Zwei oder drei Wochen nach diesem Gespräch brachte er sich um, nachdem er 20 Jahre lang meiner Mutter gegenüber immer wieder davon gesprochen und damit gedroht hatte. Es folgten noch einige schreckliche Szenen und Vorfälle. Einmal schloß sich mein Vater im Badezimmer mit einer Flasche Wein und Medikamenten ein, und wir mußten zu dritt die Tür aufbrechen.

Er war tablettenabhängig und hypochondrisch – mit zunehmendem Alter immer schlimmer. Es kam nicht selten vor, daß er vor dem Medikamentenschrank stand und überlegte, was er einnehmen könne. Manchmal hatte er tatsächlich irgendwelche Schmerzen, oft hatte er auch nichts. Er litt einfach an sich selbst und suchte dafür, je nach Stimmung, eine passende Ausdrucksform. Das paßt für mich alles zusammen: Ein junger Mensch, der aus dem Krieg heimkehrt, sich nicht mitteilt und innerlich vereinsamt.

Er sah keinen anderen Ausweg, und ich verstehe das. In den meisten Momenten überwiegt das Verständnis meine Wut. So habe ich auch schon am Tag danach empfunden, auch wenn zu diesem Zeitpunkt noch viel stärkere Emotionen in mir wirkten. Aber eins war immer für mich klar: Er hat sich den Frieden genommen, den er im Leben nicht mehr gefunden hätte. Ich habe an diesen Frieden geglaubt und ihn meinem Vater von Herzen gegönnt – von Anfang an. Das war mein erstes Gefühl noch vor dem Schock.

Sosehr ich unter seinem Tod gelitten habe und unter den Folgen, sosehr ich dadurch auch geprägt wurde, ich habe seine Entscheidung immer akzeptiert. Damals und heute, über 30 Jahre später. Trotz allen Leids spürte ich immer auch einen Hauch von Erleichterung – für uns, seine Hinterbliebenen, aber noch viel mehr für ihn. Die Schmerzen der Trauer verblassen mit der Zeit, geraten in Vergessenheit, das Gefühl der Erlösung bleibt. Aber auch wenn ich wirklich fest an seine Erlösung glaube, von

Schuldgefühlen befreit mich diese Überzeugung nicht. Ich hätte ihm gern geholfen, aber ich konnte nicht.

Dennoch hatte er meiner Meinung nach das Recht zu diesem Schritt. Ich würde zwar nicht generell sagen, daß Suizid ein gerechtfertiges Mittel ist, aber es war das rechte, das alleinige Mittel für ihn. Ich habe nie verstanden, wie Menschen oder Institutionen, etwa die Kirche, Selbstmörder verurteilen können. Es ärgerte mich immer furchtbar, wenn ich Berichte über Krankenhäuser las, in denen Suizid-Überlebende behandelt wurden wie Patienten zweiter Klasse. Früher war das wohl so. Ich empfand das als direkten Angriff auf meinen Vater. Schließlich hat jeder, der meint, mit dem Leben nicht mehr fertig zu werden, die Freiheit zu gehen. Die Anlage zur Depression kann schließlich auch vorgegeben sein. Es ist meine feste Überzeugung, daß diese Krankheit vererbbar ist. Wir sind das beste Beispiel dafür. Mein Vater war depressiv wie sein Vater und einige andere Verwandte in seiner Linie – und wie ich auch. Dieses Leid steckt in mir, so wie es in ihm steckte. Es muß nicht zwingend ausbrechen, aber es kann, wenn man Angst davor hat, sich seinen Gefühlen zu stellen, oder wenn man keine Hilfe in Anspruch nimmt. Und trotzdem gibt es manchmal keinen Ausweg mehr, keine Möglichkeit zur Hilfe. Dann ist es einfach zu spät. Das muß man akzeptieren, diese Entscheidung, diesen Weg muß man einem Menschen lassen.

Anders denke ich über Fälle, wo eine Familie zurückbleibt, die nicht leben und nicht sterben kann, die nicht mehr weiterweiß – das ist unverantwortlich. Aber in dieser Situation waren wir zum Glück nicht. Wir sind nicht in das tiefste aller Löcher gefallen. Mein Vater hat weder Kleinkinder noch eine unselbständige Frau hinterlassen. Meine Mutter war halbtags berufstätig. Vielleicht hat er sich nur aus Rücksicht nicht schon eher umgebracht.

Vielleicht wartete er nur so lange, bis er uns gut versorgt wußte. Er war zwar nur Beamter, aber meine Mutter bekommt bis heute eine gute Pension.

Er hat uns nicht aus dem Leben gerissen, hat uns nie den glücklichen Vater vorgespielt. So tragisch sein Tod auch war, er hat keinen überrascht. Es gab keinen Abschiedsbrief, es brauchte keine Erklärung. Wir haben verstanden.

Der Tag, als es passierte, war ein Sonnabend, der erste Sonnabend im Februar 1973. Ich kam am Nachmittag nach Hause, meine Mutter war vollkommen aufgelöst und schrie: »Dein Vater ist weg.« Er hatte ihr gesagt, er wolle spazierenfahren. Und sie, irgend etwas ahnend, wollte ihn begleiten. Als sie im Auto saßen, stritten sie. Meine Mutter nahm den Schlüssel an sich und ging zurück ins Haus. Sie konnte nicht wissen, daß er einen Ersatzschlüssel eingesteckt hatte. Als ich heimkam, telefonierte sie bereits mit Freunden, einer davon arbeitete bei der Polizei. Sie leiteten sehr schnell eine Suchaktion im nahe gelegenen Wald ein. Ich höre heute noch die Rotorengeräusche der Hubschrauber. Die ganze Nacht über hörten wir sie. Ich lag bei meiner Mutter im Ehebett, und wir wußten, diese Geräusche gab es seinetwegen.

Am nächsten Vormittag fanden sie ihn. Er hing an einem Baum. Die Polizei klingelte und überbrachte uns die Nachricht. Er war 49 Jahre alt, als er starb. Details erinnere ich nicht mehr, der ganze Ablauf an diesem Tag und den folgenden – das ist alles ausgelöscht. Sicher waren Freunde bei uns, und Telefonate wurden geführt. Ich schätze, wir saßen erschüttert in der Wohnung. Nach ein oder zwei Tagen ging ich wieder in die Schule, wo überhaupt nicht darüber geredet wurde, obwohl es alle wußten. Nach dem Verlust distanzierten sich viele von unserer

Familie, oder es kam mir zumindest so vor. Auch ich zog mich zurück, ging selten aus und schwieg wie die anderen das Geschehene meistens tot. Jedenfalls nach außen. Wenn ich jetzt versuche diese Zeit zu rekonstruieren, dann zieht sich in mir alles zusammen.

Nach seinem Tod bekam ich Weinkrämpfe – schlimme, unkontrollierbare Weinkrämpfe. Plötzlich, ohne jede Vorwarnung, brach es aus mir heraus: in der S-Bahn, im Bus, auf der Straße. Überall einfach. Meine Umwelt reagierte überhaupt nicht darauf. Ich hatte damals eine sehr enge Freundin, die sich in dieser Misere von mir entfernte. Ob es mit dem Tod meines Vaters zu tun hatte, weiß ich nicht, aber ich habe es so empfunden und ihr das lange sehr übelgenommen. Ich hatte oft das Gefühl, daß mein Schicksal auf andere abschreckend wirkte.

Das sehe ich heute anders und würde mir nicht mehr anmaßen, so zu urteilen. Aber damals waren wir Teenager! Meine Freundin und ich kamen auf verschiedene Schulen, unsere Wege trennten sich, und während sie andere Interessen entwickelte, habe ich keine entwickelt und lebte so innerlich einsam und allein mit meinen Weinkrämpfen. Mein Pech war, daß ich nur sie hatte, daß sie die einzige Freundin war, mit der ich hätte reden können. Gelegentlich schrieb ich mir in einem Tagebuch meine Sorgen von der Seele. Über lange Zeit mußte allerdings meine Mutter den ganzen Kummer auffangen. Bei ihr konnte ich mich fallenlassen und spürte keinen Druck. Ich mußte nichts erklären. Bei Freunden traute ich mich nicht, anzurufen und loszuheulen – jedenfalls nicht ohne Erklärung. Was hätte ich sagen sollen? Daß ich unglücklich war? Dann hätte ich sagen müssen, warum, und hätte es nicht in Worte fassen können, und schließlich wären irgendwelche Ratschläge gefolgt, an die ich mich nicht gehalten hätte. Wenn mich etwas bedrückte, ging ich zu meiner Mutter, auch noch Jahre später, als ich wieder einige gute Freunde hatte, bei denen ich ebensogut hätte anrufen können. Ich meldete mich aber immer nur, wenn es mir gut ging. Nie, wenn es mir schlecht ging. Und es ging mir oft schlecht. Dadurch habe ich lange meine Freundschaften vernachlässigt. Ein Teufelskreis.

Meine Mutter war es auch, die mir schon relativ früh riet, Hilfe in Anspruch zu nehmen. Es dauerte viele Jahre, bis ich es schließlich getan habe. Dazu fand ich lange einfach keinen Mut. Ich fühlte mich minderwertig und unsicher. Ich ging damals zu einer Seelsorge-Einrichtung in die Stadt und erzählte, daß ich einsam sei und ständig weinen müßte. Eigentlich wußte ich gar nicht, warum ich weinte. Die Tränen kamen immer aus dem Nichts über mich.

Die erste Therapie habe ich mit 25 Jahren begonnen, als die Weinkrämpfe immer ernstere Ausmaße annahmen. Die Zwischenzeit habe ich irgendwie überlebt, mich mit meinem Studium und Reisen über Wasser gehalten. Ich war vollkommen orientierungslos, lethargisch, depressiv, antriebslos. Meine Mutter sagte nach der Schule: »Kind, es muß doch weitergehen.« Und dann sagte ich: »In Ordnung, melde mich irgendwo an. Mir ist es egal.« Ein Lehrberuf kam nicht in Frage, das hätte für mich den Einstieg ins Erwachsensein bedeutet, und dafür war ich nicht reif. Ich landete dann auf der Handelsschule, die ich auch brav beendete, obwohl es mich nie interessierte. Anschließend habe ich studiert, weil mir nichts Besseres einfiel. Da ich weder kreativ noch technisch begabt bin, entschied ich mich für Ernährungswissenschaften. Ich war zu dieser Zeit ohnehin auf das Thema und meine Figur fixiert. Zweimal täglich bestieg ich die Waage, um mein Gewicht zu kontrollieren. Ich achtete panisch darauf, nicht zu viele Kalorien zu mir zu nehmen. Wahrscheinlich bewegte ich mich kurz vor einer Magersucht. Diese Verweigerung war aber zum Glück nur eine Phase.

Nach dem Studium jobbte ich erst mal in einem Altenheim – ein Dreivierteljahr lang, bis ich so starke Depressionen bekam, daß ich in Behandlung mußte. Mein Selbstbewußtsein war miserabel. Ich hatte keinen Freund, war immer allein. Und während die coolen Zivildienstleistenden unten im Keller feierten, wischte ich oben den Alten den Po ab.

Die Ärzte rieten mir, umgehend mit der Arbeit aufzuhören und mich in eine Tagesklinik zu begeben. Das tat ich auch, bis ich für vier Monate stationär in eine andere Klinik eingeliefert wurde. Ich dachte kein Recht zu haben, dort zu sein, weil alle außer mir mindestens schon einen Suizidversuch hinter sich hatten. Ich fühlte mich wie ein Feigling. Das ließ mich noch depressiver werden. Ich schämte mich, es noch nicht einmal probiert zu haben und somit anderen Leuten den Platz wegzunehmen. Aber die Monate in der Klinik taten mir sehr gut – der Austausch mit den anderen Patienten und auch die intensive Gesprächstherapie. Danach ging es mir besser, weil ich gelernt hatte, die Schwermut als Teil von mir anzunehmen. Als ich das konnte, hörten die Weinkrämpfe auf. Ich habe meine Traurigkeit nicht mehr als so stark empfunden, obwohl sie immer noch da war. Wahrscheinlich immer schon da war. Und immer da sein wird. Ich habe in der Klinik und später über Jahre in der ambulanten Therapie gelernt, mit den Depressionen umzugehen, mit ihnen zu leben. Und es kamen immer wieder Zeiten, in denen ich hoffte, das Leben möge aufhören. Schon weil ich nach dem Tod meines Vaters oft dachte, ich müßte ihm folgen, so wie er seinem Vater gefolgt war. Großvater, Vater, und jetzt bin ich dran – an diese Reihenfolge glaubte ich lange. Aber ich wußte dann auch, irgendwann ist es vorbei, irgendwann ist das Tal durchschritten, und es geht wieder aufwärts. Immer wieder. Diese Erfahrung und Gewißheit halfen mir.

Eine Weile bekam ich zusätzlich auch Antidepressiva, aber ich nahm sie nicht sehr lange. Über viele Jahre trug ich sie stets bei mir – für den Fall der Fälle –, das war Beruhigung genug. Seit zwei Jahren nehme ich sie wieder täglich. Es fing an, weil ich mal wieder an dem Punkt angekommen war, mein Leben neu ordnen zu müssen: neuer Job, neue Stadt, neuer Anfang. Ich habe die Medikamente zwischenzeitlich immer wieder abgesetzt, weil ich ein schlechtes Gewissen hatte, aber das tat mir überhaupt nicht gut. Es geht mir momentan besser mit den Tabletten. Sie machen auch nicht abhängig, jedenfalls körperlich nicht. Ein Zuckerkranker spritzt sich schließlich auch täglich Insulin. Wo ist der Unterschied? Die Antidepressiva sind mein Insulin für die Seele.

Bis ich 30 Jahre alt wurde, dachte ich, wenn ich bis 40 immer noch so lebe wie jetzt, dann kann ich auch Schluß machen. Das war ein Trost, diese Option hat mich richtig aufgebaut, und gleichzeitig lag die Lösung in beruhigend weiter Ferne. Insoweit hat mich der Suizid meines Vaters stark geprägt, denn diese Möglichkeit war durch ihn so real, so greifbar nah. Ich weiß nicht, ob ich sie sonst wirklich in Betracht gezogen oder als Rettung hätte sehen können, als ich in meinem Schmerz festhing. Ich habe mir letztlich nie etwas angetan, weil ich nie aufhörte zu hoffen: daß sich meine Situation änderte und das Alleinsein irgendwann endete. Es dauerte allerdings sehr lange bis dahin.

Ich hatte jede Menge Affären, aber partnerschaftlich gesehen, war ich allein und litt furchtbar darunter. Ich vermute, daß diese Beziehungsunfähigkeit mit meinen Eltern zusammenhängt, weil ich bei ihnen erlebt habe, was für ein Horror Partnerschaft sein kann.

Es gab immer wieder Männer, in die ich mich verliebte, aber die wollten nichts von mir. Immer nur Ablehnung. Ich konnte keinen adäquaten Partner finden. Ich suchte panisch nach der Liebe, die ich in meiner Familie nicht gefunden hatte, deshalb begann ich eine Affäre nach der anderen. Darum ging es immer: die Suche nach Liebe – nicht nach Sex. Eigentlich hatte ich als Kind nicht wirklich unter einem Mangel an Liebe gelitten, aber es herrschte keine gesunde Atmosphäre, in der die Liebe meines Vaters hätte weitergegeben und empfangen werden können. Ich spürte nur Druck. Ich habe mich schon vor seinem Tod verschlossen, aber danach noch viel mehr. Verschlossen in mir, so wie er es getan hat. Aber anders als er habe ich gleichzeitig aufgemacht für andere. Ich habe stets Menschen angezogen, die meine Fähigkeit, zuhören zu können, mochten. Diese Gabe kam mir damals sehr gelegen, denn wer zuhört, muß nicht von sich erzählen. Ich konnte von meinen Problemen ablenken und erfuhr gleichzeitig eine Wertschätzung. Man hat mir vertraut, das machte mich stolz. Ich konnte mich nicht besonders leiden, aber ich konnte mir wenigstens die Dinge immer schönreden.

Vielleicht belügt sich jeder Mensch, vielleicht muß man das sogar, um sich selbst und das Leben auszuhalten. Es geht manchmal gar nicht anders. Mein Vater hat es auch getan, jedoch in einem Maße, das nicht gesund war. Er lebte an seinem Leben vollkommen vorbei. Als er aus der Kriegsgefangenschaft kam, drängte ihn die Verwandtschaft in eine Postbeamtenlaufbahn. Das war sicher, und nur darauf kam es an. Er wollte das aber nie. Er wollte mehr und war klug. Und so verbrachte er schließlich sein restliches Leben, jeden Arbeitstag, mit dem Gefühl der

Unzufriedenheit. Wenn man über Jahrzehnte seine Bedürfnisse und Wünsche unterdrückt, dann muß man krank werden. Das frißt sich in die Seele. Mein Vater reiste oft mit dem Finger auf der Landkarte, träumte seit jeher von Südamerika und hat diesen Kontinent dennoch nie gesehen. Er kannte jeden Fluß dort, jedes Gebirge. Er wollte sich bilden, besuchte in seiner Freizeit Sprachkurse, machte Sportabzeichen, spielte Handball. So depressiv, wie er war, so agil war er teilweise auch. Sobald er unser Haus verließ, stieg seine Stimmung. Er war ein toller Tänzer und auf Festen bei Freunden der Mittelpunkt des Geschehens. Als er einmal krank im Bett lag, wurde sogar eine Party abgesagt. Er genoß die Situationen, in denen er sich fröhlich, unterhaltsam und unternehmungslustig zeigte. Er suchte nach Bestätigung und Anerkennung, vermute ich. Die Freunde schätzten und liebten ihn, weil sie ihn nur von seiner fröhlichen Seite kannten. Die andere hat er ihnen nie gezeigt. Wie soll man einen Menschen verstehen, der sich nicht mitteilt? Ohne Öffnung ist es unmöglich, die Einsamkeit zu durchbrechen. Seine gutgelaunte Maske hat nach außen immer alle getäuscht. Das ist wohl die Kehrseite der Medaille: Himmelhoch-jauchzend – zu Tode betrübt. Beides gehört zusammen, das eine geht wohl nicht ohne das andere.

In mancher Hinsicht, etwa in beruflicher, lebe ich ebenfalls an meinem Leben vorbei – so wie er es tat. Die Ursachen dafür liegen einerseits in meiner Vergangenheit: Als ich ein Fundament für meine Karriere hätte legen können, habe ich mich zuwenig mit meinem Beruf auseinandergesetzt, weil ich zuviel mit mir zu tun hatte. Andererseits bin ich aber überhaupt nicht ehrgeizig, habe wenig Elan und Mut und keine Ideen, was ich anderes tun könnte. So bin ich unter meinen Möglichkeiten geblieben. Das Sekretärinnendasein ist bloß Broterwerb –

mehr nicht. Es ermöglicht mir mein Leben – und das beginnt erst abends. Es gibt dafür andere Dinge, die mich erfüllen. Meine Reisen etwa. Auf Reisen bin ich ein anderer Mensch, wie ausgewechselt. Eine Abenteurernatur. Ich bewege mich nicht auf den Touristenpfaden, sondern suche neue Wege und den Kontakt zu Leuten. Ich komme viel mehr aus mir heraus, zeige Initiative und Mut. Das ist meine Kehrseite. Früher bin ich monatelang mit dem Rucksack auf dem Rücken durch die Länder Südamerikas gezogen, bis mir das Geld ausging. Das war sicherlich auch eine Flucht. Ich fühlte mich dort, wo ich nicht zu Hause war, wesentlich besser, war interessierter, entdeckte überall Aufregendes. Ich habe unglaublich viel gesehen. Großartiges und auch viel Elend. Das rückt die Maßstäbe zurecht und die eigenen Ansprüche. Ich weiß meine Lebensqualität hier und heute sehr zu schätzen und fühle mich hier und heute insgesamt wohl. Ich freue mich, wenn morgens die heiße Dusche anspringt, das ist nicht selbstverständlich.

Mit dem Alter erkennt man, auf welche Werte es ankommt, welche Erwartungen angemessen sind. Sich über Äußerlichkeiten zu definieren funktioniert nicht. Ich mußte 40 werden, um das zu begreifen. Es kommt darauf an, sich über sich selbst definieren zu können. Mein Vater konnte das nicht, er kam mit sich nicht ins reine, weil er sich weder über sich noch über seine Familie oder seinen Beruf selbst bestimmen konnte.

Meine Mutter hingegen konnte sich über die Familie definieren und besitzt seit jeher die Fähigkeit, alles zu unterdrücken. Sie weint nur im »Dunkeln«, wenn sie allein ist. Dabei hatte sie wirklich jede Menge Grund zu weinen. Es zerreißt mir das Herz, wenn ich darüber nachdenke, wie sie all den Kummer mit sich ausgemacht hat. Vor ungefähr fünf Jahren sah ich sie einmal weinen, als wir zum ersten Mal darüber sprachen, warum sie so schlecht Gefühle zeigen kann. Sie erzählte von der Beerdigung ihrer Mutter, als sie noch ein Kind war. Wie sie fürchterlich geweint hatte und ihr Vater sie zur Seite nahm und sagte, sie solle sich zusammenreißen. Wie er ihr die Tränen verbot. Und wie sie nur kurze Zeit später keine einzige mehr vergoß, als ihre geliebte Kinderfrau starb. Diese Geschichte schnürte mir den Hals zu, gleichzeitig erschreckte sie mich. Diese Kontrolle. Ich habe sie auch nach dem Tod meines Vaters nie leidend gesehen, nie jammernd. Wie mein Vater verzichtete sie in ihrem Schmerz nach seinem Tod auf fremde Hilfe oder Therapie. Dort hat sie nur mich hingeschickt.

Und obwohl ich das unbegreiflich finde, es eigentlich besser wissen müßte, tue ich auch vieles nicht, was mir guttäte. Sport etwa, laufen draußen im Licht. Dazu hat mir jeder Therapeut geraten. Aber ich bin faul, und in mir wirkt außerdem eine Kraft, die alles verhindert, was mich überfordern oder auch nur fordern könnte. Das ist auch eine Parallele zu meinem Vater.

Ich habe allerdings mittlerweile die Lust verloren, darüber ständig zu grübeln und alles bis ins letzte zu analysieren. Ich will auch keine Therapie mehr machen. Ich ertrage es nicht länger. Ich habe mich so lange so intensiv mit mir auseinandergesetzt – ich habe es getan, um mich zu retten. Das ist mir gelungen. Nun ist es genug, ich kenne mich und meine Probleme inzwischen. Immer wieder bei Null anfangen, dann kommt man niemals weiter. Es ist schon alles gesagt. Und ich habe heute auch den Anspruch, mich selbst in den Griff zu bekommen, wenn es mir schlecht geht. Ich kann doch nicht, bis ich 70 bin, aus Lebensmüdigkeit zur Therapie gehen und dann sagen: Hallo Leben, bitte komm. Dann ist es zu spät. Das Leben ist jetzt.

Hilfsangebote/Adressen

AGUS e. V. – Angehörige um Suizid
(Beratung, regionale Selbsthilfegruppen)
Kontakt: Wilhelmsplatz 2, 95444 Bayreuth
Tel: 0921/1500380, Fax: 0921/83343
E-Mail: kontakt@agus-selbsthilfe.de
www.agus-selbsthilfe.de

Österreich: SIGIS – Service und Information für Gesundheitsinitiativen und Selbsthilfegruppen im Gesundheits- und Sozialbereich(Vermittlung zu Selbsthilfegruppen)
Kontakt: Fond »Gesundes Österreich«,
Mariahilfer Straße 176/8, 1150 Wien
Tel: +43/1/895040025
E-Mail: sigis@fgoe.org
www.fgoe.org

Schweiz: Verein Refugium. Verein für Hinterbliebene nach Suizid
(Selbsthilfegruppen in Basel, Bern, Luzern und Zürich)
Kontakt: Lindebühl, 3635 Uebeschi
Tel: +41/848/001888
E-Mail: info@verein-refugium.ch
www.verein-refugium.ch

Trauer nach Suizid
(Beistand und Beratung)
Kontakt: c/o Arbeitsgemeinschaft »Familie«, Diözesanstelle,
Jakobsplatz 9, 96049 Bamberg
Tel: 0951/502626
E-Mail: trauer-nach-suizid@web.de
www.trauer-nach-suizid.de

Deutsche Gesellschaft für Suizidprävention (DGS) – Hilfe in Lebenskrisen e. V. (Dachverband, Anlaufstellen, Hilfseinrichtungen und Krisendienste für Suizidgefährdete und Hinterbliebene)

Kontakt: Michael Witte (Geschäftsführer), Neuhland – Hilfen für suizidgefährdete Kinder und Jugendliche e. V., Nikolsburger Platz 6, 10717 Berlin
Tel: 030/417283952, Fax: 030/417283959,
E-Mail: dgs.gf@suizidprophylaxe.de
www.suizidprophylaxe.de
www.neuhland.de

Österreich: Suizidprävention Salzburg
Kontakt: Sonderauftrag für Suizidprävention,
Christian Doppler Klinik, Iganz Harrerstraße 79, 5020 Salzburg
Tel: +43/662/4483434
E-Mail: sekretariat@lebens-klick.info
www.lebens-klick.info

Schweiz: Ipsilon – Initiative zur Prävention von Suizid in der Schweiz (Hilfsangebote nach Kantonen, keine Beratung)
Kontakt: Elfenstraße 18, Postfach, 3000 Bern 16
Tel: +41/31/3591108
E-Mail: info@ipsilon.ch
www.ipsilon.ch

Nationales Suizidpräventionsprogramm für Deutschland
Kontakt: Dipl.-Psych. Georg Fiedler, Therapiezentrum für Suizidgefährdete
Universitätsklinikum Hamburg Eppendorf, Martinistraße 52, 20246 Hamburg
Tel.: 040/42803-4112,-4997, Fax: 040/42803-4949
E-Mail: tzs@uke.uni-hamburg.de
www.uke.uni-hamburg.de/tzs
www.forlife.de
www.suizidpraevention-deutschland.de

Telefonseelsorge
Kontakt unter der bundeseinheitlichen, kostenlosen Nummer:
Tel.: 0800/1110111 oder 0800/1110222
www.telefonseelsorge.de
Österreich: Tel: 142, www.telefonseelsorge.at
Schweiz: Tel: 143, www.tel-143.ch

Kompetenznetz Depression
(Informationen zum Thema Depression)
Kontakt: Klinik für Psychiatrie und Psychotherapie
der Ludwig-Maximilian-Universität München,
Nußbaumstraße 7, 80336 München
Tel.: 089/5160-5553, Fax: 089/5160-5557,
E-Mail: info@buendnis-depression.de
www.kompetenznetz-depression.de
www.med.uni-muenchen.de/psywifo
Österreich: www.depression.at
Schweiz: www.depression.ch

Dank

Dieses Buch hätte ich ohne all jene nicht schreiben können, denen ich hiermit herzlich danke:

Dr. Annette Anton und Franziska Günther für ihren Glauben und ihre kluge Hilfe; Jörg, Heike, Markus und Marion für ihr Vertrauen, Diana darüber hinaus für die Kraft verborgener Talente sowie Dirk für offene Worte und ganz großes Kino; Johann Christian Lammers, Dr. Frank Upleger und Leah Bianchini für wunderbare Arbeit; Zoltan für Deine Arme, Deine Nerven und Dein Herz; Friederike und Mariam für Wärme, Ehrlichkeit und unerschütterliche Freundschaft; Dorit, Bernhard, Suska und Manuel für Verständnis, Unterstützung und unzähliges Abholen; Oliver, Ildikó und David für praktische Hilfe, gute Ratschläge und Freundschaft durch schwere Zeiten; Britta und Kerstin für die richtigen Tips, Dirk für Mandarinen und Zynismus zur rechten Zeit; Gert für Erste Hilfe, gefühlte Nähe und weise Worte; Kathrin und Robert für Kitzbühel und offene Herzen; Verena, Marc, Noel, Sandra, Arndt und Sonja für Babysitten und viel mehr; Patrick für so viel Lachen in 20 Jahren; Bettina für heilende Hände und Tina für alles Drumherum; Judith für Judith, Rüdiger fürs Mitfühlen; Sonja für dieses Strahlen und für immer wiederkehrende Premieren in Hamburg; Annekatrin, Christine, Steffi, Katja und Tina für Treue und offene Türen, Mechthild fürs Zuhören, Nina für Beistand; und zu guter Letzt meiner sturmerprobten Familie, ohne Euch wäre alles nichts, danke Aron, Katharina, Udo, Ute.

Über die Autorin

Bianca Lang, geboren 1973, studierte Publizistik, Politologie und Rechtswissenschaften in Mainz. Sie arbeitete für das ZDF und 3sat, volontierte bei der »Hamburger Morgenpost«, war als Redakteurin bei »Cinema« tätig und später im Kultur- sowie Lifestyleressort des »STERN«. Heute lebt sie als freie Journalistin und Autorin in Hamburg.

Bianca Lang
Leben ohne dich